未來
想過的生活

林晉如 著

從十三個教育現場、
六張學習單、一篇作文，
翻轉孩子的未來。

點燃下一代的光亮未來

中山女高　張輝誠老師

　　為什麼林晉如老師針對國小學生所設計的 6 張學習單：求職、履歷表、買房買車及每月開銷費用估算，一貼上臉書之後，立刻瘋傳全台灣、爭相轉貼，甚至引起媒體高度關注、頻繁報導，一路播揚到國外？

　　這 6 張學習單，到底具備了什麼魔力，能夠引起如此廣泛的共鳴、驚豔與讚嘆？

　　在我來看，可能是由以下3點原因造成：

第一，突破了學校教育內容與真實生活嚴重脫節的僵局。

　　晉如老師敏銳察覺到脫離真實生活的知識，對學生而言，只是考試的材料，一旦教學現場的獎懲失去了效力（獎也不愛、懲亦不怕）、也不在乎分數，學生一定很快失去學習動機。那麼老師應該如何讓學生感受到知識和學生自我的生命是息息相關？最好的方式就是將「知識和真實生活緊密相連」，因為所有的知識原本就是從生活中而來，但進到學校之後，因為教學進度所壓迫，最後知識與生活常常被一刀兩斷而割裂，知識等於考試材料，學生知道讀書是為了考試，但是考試之外，卻不知道學這麼多知識到底有什麼作用。

　　晉如老師之難能可貴，就在於她將知識與生活緊密連結在一起，設計出一個完整學習活動，而且是從年紀較小的國小學生直接入手，如此一來，小學生很快就知道學習知識，不再只是為了考試，而是為了栽培自己、成就自己，學校所提供的教育都是未來生活的基本能力與知識。

第二，突破學校教育偏重老師單向講說、學科之間壁壘分明的教學模式。

晉如老師的 6 張學習單，一方面翻轉了傳統上課方式（偏重老師講、學生聽），改成偏重老師設計講義（學習單），「以問題（任務）為導向」，讓學生自己學會動手尋找、整理、判斷與應用資料，甚至是創造資料。換句話說，學生從上課時被動聆聽的狀態，變成主動學習的狀態。這就是典型的「翻轉教學」模式。

另一方面，晉如老師所作的學習單，是以「主題」、「能力」為導向，主題很清楚（求職、履歷表、買房買車及每月開銷費用估算），要完成這些主題，學生必須具備的知識卻分散在各學科當中，要看懂求職訊息、要會寫履歷表、如何進行面試活動是「國文科」的閱讀、表達、寫作能力，費用估算則是「數學科」的計算能力（而且可以從最簡單的加減乘除，到貸款利率的計算等等），如此一來，所有知識不再只是各自存在，而是綜合地、交融地支持著「學習主題」，同時又不斷增進學生的「多元能力」！

第三，讓學生看見自己的未來，真實從現在改變。

晉如老師設計的學習活動，在我看來最珍貴的是莫過於她讓學生「務實地」「預見自己的未來」，預見自己的未來可能很簡單，憑空亂想就能做到，但是要務實地預見自己的未來，就很困難了。晉如老師讓學生先行設計、想像好自己的未來生活，然後她帶領學生務實地看看自己的能力、學歷、狀態，可以符合自己的未來生活嗎？如果不行，現在可以怎樣改變？

是的，看見未來，現在行動、改變都還來得及，學生內在改變的動力才會強大，而這種內在動力，更是跟著學生一輩子的最重要學習動力！

晉如老師，毫不藏私，將這麼好的學習活動，鉅細靡遺記錄在這本書中，按圖索驥，一定還能別出心裁，這樣，我們就能一起點亮台灣下一代光明的未來！

自序

開啟孩子的生命潛能，
培養孩子的未來生存力

林晉如

　　當老師多年，自覺老師就像是個擺渡人，帶領著學生出航追尋夢想、穿越浩瀚無垠的學海。兩年後，船到達彼岸，送走學生，又接手一批懵懂新面孔，繼續用自己的熱情、耐心、愛心澆灌小小幼苗。兩年後，再次引領孩子到達知識的殿堂、理想的彼岸。就這樣，大約來回十多趟，任務達成功德圓滿，老師退休歸隱。

　　2014年8月，任教高雄市岡山國小高年級導師的我，準備迎接五年級全新的一班，繼續擺渡人的使命感，打算大展身手助渡河的孩子一臂之力，期盼這嶄新的一屆，孩子們能夠勇敢揚帆，乘風破浪。

一切就從「籤王班」開始說起

　　只是，萬萬沒想到，新接這班，班級組成分子所營造出來的各種應對進退、學習態度、珍惜物力、與同儕相處等狀況百出，常常令我疲於奔命、不堪其苦。其中，最棘手的問題莫過於對學習「無感」，甚至是對學習的「強烈排斥」。

　　孩子因為對學習不感興趣，每天上課放空、懶得聽課、大腦罷工，拒絕老師的循循善誘，反正放學後不能回家，必須到安親班報到，不會寫的作業還有安親班老師可以求救。沒有安親班的孩子，課業跟不上，作業不會寫，就祭出「我三、四年級就沒在寫功課了，又不是現在，有什麼好大驚小怪的！」、「我以前就考全班最後一名，爸媽又不會怎樣！」似乎就更有理由每天到校就是「等下課、等吃飯、等放學」，當個「三等學生」。

一天在校8小時，總該有什麼事情是能集中焦點，日子才不會太無趣。所以，就在其他地方花心思、動腦筋。男生下課與別班學生搶遊戲器材、搶籃板，常常玩到起口角糾紛、玩到擦傷，誓言討回公道。接近青春期，情緒容易受到煽動及影響的他們，甚至一言不合、看對方不順眼，動口動手又動腳的情形，簡直成了家常便飯。更甚者還有莫名的新仇舊恨，又免不了大打出手、惡言相向，戰場還蔓延到其他班級，擴大事端……

　　那女生呢？女生不思課業，多出來的時間就是煩惱因人際問題而造成的情緒低落，懷疑自己遭到同學的閒言閒語，遭到同學的背叛與排擠，覺得自己長得不夠漂亮無法贏得同學的喜愛，抽屜裡擺著小鏡子隨時整理儀容，整日惶惶不安，陷入自卑的低潮漩渦中，久久不能散去……。不管男生或女生，這些接近青春期的孩子，每個人心裡都深埋怨氣、不耐、自卑、煩惱、困惑、徬徨，加上一天7堂課，每位老師莫不使出渾身解數認真灌輸孩子知識，孩子感覺好累、好有壓力、不想學習，即使端坐教室卻無心課堂，看到書本就煩悶。

　　原本孩子到學校應該是把握人生的黃金時期，盡力為自己開創格局，開拓視野，將來出社會後能成為自食其力的人，擁有實現美好人生的能力及具備良好的公民素養、挫折容忍力、解決問題、獨立思考、自學力、尊重他人等未來生存力。但是，在教學現場看到孩子浪擲時間、揮霍生命在無意義的事情上，國小畢業了，卻沒有留下可以幫助自己打開人生格局的視野與正確觀念，真是浪費了人生學習的黃金時期，入寶山空手而回。

　　過去的年代，大環境貧苦，多數人寄望讀書以求脫貧。現下環境，經濟繁榮，加上孩子生得少，家長普遍有能力提供優渥的環境，只為了「苦不能苦孩子，窮不能窮孩子」。父母大多樂意盡己所能，甚至超己所能來栽培孩子，這些依偎在父母豐厚羽翼下安穩茁壯的心肝寶貝，從小嬌生慣養，沒受過歷練，更視優渥的食衣住行為理所當然之物。古人說：「由儉入奢易，由奢入儉難。」長大後物質享受當然難以降低標準，爾後養成自私跋扈、唯我獨尊的大人也不足為奇了。

　　見到孩子腳上一雙球鞋要價 4000 元，驚訝詢問後，才知道原來是家

長捨得花，再問他因為父母的疼愛，百般滿足自己的物欲，長大後是否會因此飲流懷源，知恩圖報？沒想到孩子篤定地說：「不會，我賺的錢都是我的，爸媽要用錢，自己去想辦法。」孩子們在教室裡遺失了文具，丟了之後就再也沒人認領回去，我的講桌上堆滿了琳琅滿目的文具，幾近全新，不管失物招領了幾次，統統沒人要。或許，舊的不去，新的不來，反正文具是小額開銷，父母碎念完後，孩子如風過耳毫不在意，又帶去文具店「補貨」，珍惜物力的觀念也就越來越淡薄了。

父母期望孩子成龍成鳳，撒了大把鈔票將孩子送進安親班、補習班，孩子無法體會父母的用心良苦，更無法體會錢不好賺，甚至，孩子還說「我就是不想補習（學習），但是媽媽硬要我來，好像她錢花下去了就比較安心，我只好來這裡幫媽媽把錢花掉。」媽媽要是聽到孩子的真實心聲，心肯定在淌血啊！

有時我也會想，身處於資訊爆炸的e世代，現在的孩子要學的東西比我們過去多太多，放學後不能自主安排自己的時間，所有的作息全由大人一手安排好，在不知為什麼需要求學的情況下，這樣心不甘、情不願地上安親班或補習班，過量的學習內容，恐怕只是加速打壞孩子的「學習胃口」，造成孩子對學習的「強烈反感」，而有「讀書只是為了應付考試」的錯誤觀念。

原本滿心期待、滿腔熱血的理想之舟才剛剛起錨，還沒見識到大海的浩瀚無邊，還沒領略碧波蕩漾、金燦陽光遍灑四方，就因船內紛爭不斷，天天上演暴力事件，上課大打出手，針鋒相對，上課意興闌珊，與科任教師口角爭執；學習談條件，沒獎賞免談等問題，船都還沒來得及到達彼岸，就因船艙嚴重失衡，就快要在半路翻船了。而我這位站在講台上言者諄諄，聽者藐藐的舵手，也快隨著船舟翻覆要葬身海底了。

一句話，改變孩子的未來

我深思，在教學現場的我，若是使用教師「威權」，以一副「我是為你好」的強勢心態，嚴厲施行斯巴達教育政策，或許可以嚇阻不少人，但是，這等於是走回頭路，回到過去連自己都排斥的求學年代。如果哪天「猛藥」失效了，還有「更長效」的方法嗎？

有感於一直以來教育與現實生活嚴重脫節，許多人都是出了社會之後才知道「現實的殘酷」。教改改了二十多年，從我年幼時不知為何求學，到現在自己當了老師，我的學生依舊徬徨，家長束手無策。雖然孩子才10歲、11歲，然而，再過8年、10年，就是社會新鮮人了。在他們的黃金年代，是要努力追求自己想要的人生，還是渾渾噩噩浪費寶貴的光陰？我該怎麼讓孩子早點明白「現實與理想」是有差距？

聽見班上孩子說「我不想讀書，以後找工作就好了。」一語道出破綻，原來孩子想跳過求學階段，直接「找工作」，但是，工作有這麼好找嗎？於是，我開始著手設計「未來想過的生活」學習單，讓孩子親身體驗「貨真價實」的世界。

完成看報紙找工作、撰寫履歷表、買房買車、算出一個月的基本開銷等 6 張學習單後，當孩子驚見自己一個月竟然需要二、三十萬元的基本開銷，才發覺兩、三萬元的薪水根本無法滿足自己「未來想過的生活」，霎那間終於領悟來學校求學讀書，到底是為了誰！

教育貴在啟發，唯有讓孩子經由親身探索、體會、操作、思考、提問，才更能感受那強烈的震撼，內化習得的經驗，課堂上也不再只是老師講學生聽，而是提升每個孩子的學習位階，貼近真實生活的體驗，孩子學得充實又有樂趣，同時又是一種高效能的學習。自身寶貴的體悟，絕對勝過大人千百萬次苦口婆心地告誡孩子：「要體諒父母的辛勞與犧牲，要知足節儉，要有正確的金錢觀……」

難以預料的廣泛迴響

原本只是想將教學活動分享至個人臉書，讓班級的家長知道我們進行了什麼活動，萬萬沒想到，短短一天之內，數千則的留言大量湧入我的臉書，從研究所、大學，高中、國中小等各階段的師生都是詢問的對象，甚至，孩子尚在襁褓中的家長，也表示想要預留學習單，以後給孩子寫。

此外，更收到上千位臉友的交友邀請，臉書被萬人追蹤，各家網路媒體紛紛捎來訊息要求授權轉貼文章，無論哪個線上傳媒轉貼都有超過 3 萬、5 萬的「讚」次，網路以等比級數的速度快速傳播學習單，網路超越了時空的限制，似乎每個人都成了訊息傳播的基地台。爾後，我的臉書不斷收到來自中國、香港、馬來西亞、新加坡等臉友的來信，更遠傳至英語系國家而有所回應，讓我一頭霧水，怎麼會有其他國家的臉友找上？直到朋友告知，才知道這份教學活動學習單在香港及中國都有媒體報導，超過百萬人次閱讀過此學習單，這不僅是我第一次深刻體認到網路無遠弗屆的傳播威力，在各地造成的種種迴響也早已超出我所能預期的結果。

靜下心思考，當初只是為了解決自己班上孩子不讀書的問題，卻意外引起共鳴，還跨越海峽到達他國。難道，他們也面臨同樣的問題嗎？

許多網友說：

「為什麼我們小時候都沒有遇到像妳這樣的老師？」

「如果小時候有這份學習單，我的人生就要改寫了。」

「想破頭不知道要怎麼告訴孩子現實生活的樣子，老師的方法太令人激賞了。」

「一直到出社會工作才知道錢難賺，原來連養活自己都很難。」

「看完我嚇一大跳！老師給孩子夢想的空間，也讓他們了解現實的殘酷。」

「生涯職業探索課程國小就落實了，而且還融入理財教育，太讚了！」

「孩子能透過自我探索，預想未來可能面臨的生活，用引導代替教導，完全不用說教。」

「教改巨獸還搞不清楚的事，晉如老師做到了！」

「這份學習單大學生也應該來做，大一到大四，每年都做一次。」大學教授說。

實在很難想像，一個國小五年級的教學活動竟然可以全台瘋傳？一位默默堅守崗位認分教書的平凡小學老師，突然被「看見」，我甚至一度懷疑，難道臉書故障了嗎？

過沒幾天，學校不斷接到各家媒體要求採訪的電話，當 SNG 車一輛輛開進校門時，孩子們也大吃一驚。就這樣，新聞媒體接二連三入班來採訪，並以「神作業」來稱呼這份學習單，直到一個多月後都還有電視台來訪。班上孩子們倒是樂開懷，生平第一次「上電視」，過足當「童星」的癮。

當聯經出版公司主編惠鈴找上我時，希望我能將教學及發想過程書寫成專書，自認文筆平庸，認知寫書對我來說是遙不可及的事，不敢拖累大家，因而委婉拒絕。

一個月後，某日在網路上見到聯經出版的《工作大未來》一系列的繪本套書，驚為天人，這套書帶領孩子探索各行各業的工作情形，揭開每個行業的真實面貌。此書正是我帶領孩子「求職」，認識職業的最佳幫手。完成「未來想過的生活」後，深化「職涯課程」，就是我下一階段最想教給孩子的事。此套書與我所設計的「我讀職人──認識職業，行行出狀元」一系列的課程理念不謀而合，見書大喜，因為這套書，再次與惠鈴結緣，這才開始了《未來想過的生活》這本書的撰寫。

這本書所集結的各篇章都是當時上課的真實樣貌，有些是實作而歸納出的感受，有些是環繞於觀察教育現場實況的心得。從一開篇時擔心寫不出來，也怕在負擔已重的教學工作及生活中再添加肩頭擔子，到最後書寫已轉化為一種抒發及記錄。寫書的這一段期間，不斷有來自各地的教師及家長，詢問操作學習單的方法及要領，更促使自己再忙碌都要趕緊把書完成。

讀完這本書，相信對讀者的教育思維會是個大翻轉。也衷心期盼，唯有擺脫「為了考試才讀書」的心態，才能從更高的眼界看到學習的全貌，這樣的學習才更有意義、更有價值。讓我們一起點燃孩子的生命潛能，培養孩子的未來生存力。讓台灣教育更進步，是你我責無旁貸的使命。

目次
CONTENTS

PART *1*
教育現場，我看到的是

PART 2
未來想過的生活

PART 3
震撼教育後，我看到改變

教育現場，
我看到的是

沒有棒子的年代,還有什麼理由讓孩子讀書?

> 對學習無感的孩子,
> 人生有什麼可依靠?

孩子一天花 8 小時在校,到底所為何事?

如果覺得長大就是要進學校讀書,放學後就是去補習、去安親班,考試贏得漂亮的分數,然後讓爸媽滿意、老師安心,這就是進學校的目的,反正大家不都是這樣過得嗎?

我曾聽孩子說過:「考好了不會怎樣,考壞了也不會怎樣,我爸媽都沒意見。」因為如此,對學習無感,一切好與壞都覺得無所謂。只是,求學一定只能是為了考高分嗎?求學只是為了將來進入所謂可以榮耀家人的名校嗎?學習只是為了爸媽的期望嗎?每個人都應該為自己而活,包括孩子在內。

如果不瞭解求學的意義何在,每天用「混日子」的方式,一天混過一天,說穿了,其實是在浪費生命。

回想起自己的求學時期,其實也不知道念書的意義為何?

威權式的管教,老師說一就不能有二;填鴨式的教學,流行「背多分」。這樣的學習過程,總讓我覺得讀書是件非常痛苦的事。

說實在的,回想起當年的求學過程,「度日如年」這成語,是我人生中第一次深刻感受到古人智慧的結晶,在學校生活的每一天都過得漫長而煎熬,所有可以稍微喘口氣的藝能科目,全部都被借去考試。日子毫無色

彩，毫無樂趣，進學校的目的就是為了「考試」，好像沒有把學生考倒，沒有把學生考到印堂發黑，考到口吐白沫，就絕不善罷甘休。

這節課大家考差了老師罵，下節課考差了，換另一科老師罵，自太陽升起踏入校園後，生命就是如此無止盡的輪迴，好像永遠熬不出頭，也看不到痛苦的盡頭，學校如同煉獄般將我們的青春年華整個吞噬殆盡。

總是常在報上的社會版看到哪個學生因為聯考考壞了，因為成績不理想，覺得人生無望而早早結束生命。回首過往，當時活著的意義好像就只是為了「聯考」而存在，所有的大人無所不用其極地明示、暗示沒有考上好學校，就沒有好前途，人生毀於一旦。

加上那個年代，棍子體罰滿天飛，教室外天天有人在跳青蛙跳，從走廊的這一頭，一路跳到遙遠的另一頭，中間少說跳過十間教室。教室內天天有人在做仰臥起坐、伏地挺身、半蹲，每天來學校，不是處於驚恐害怕之中，就是看見同學被「拖出去斬了」的那種殺雞儆猴之創傷症候群，簡直沒完沒了、永無止盡的體罰。

過去的求學年代，還有家長專門送棍子、送水管給老師，臨去時不忘附帶一句：「小孩有錯盡量打，沒關係。」每每考完試後，老師總要「秋後算帳」，未達標準分數而該被「一分打一下」的人一字排開等著「用刑」，餘者「觀刑」，刑具是比棒球棒還長的棍子。

我確實曾為了考試而拚了「命」的讀書，但是，不是我有多熱愛學習，而是因為我實在怕死了「一分打一下」的酷刑。這麼拚「命」地讀書，為的是死守我的「貞潔」。

我曾經親眼目睹班上一位女同學，在被老師揮棒打完屁股後，在那棍子起落之間，女同學的裙子隨著棍子揚起而被高高地掀了起來，露出了沒打馬賽克的白色內褲。

哇哇哇！就是這一幕，就是這一幕，看到這一幕，我差點被嚇死！

當然，在被比棒球棒還長的棍子挨打，痛死烏青是必然的，但沒想到進入學校讀書，書沒讀好，還有存在「露內褲給同學看」的巨大風險。這對青春期的我來說，簡直比失去生命還要可怕，怎麼可以在心儀的男生面前如此失態？怎麼可以讓愛慕我的男生看到我糗態盡出？

原本不知道人生為何要讀書，而且還讀得那麼痛苦，讀得死去活來，在「觀刑」後飽受驚嚇的瞬間，全都懂了。之後，我的求學之路就是為了我的「貞潔」著想，學習科別也就嚴重「偏食」，哪一科打得兇，就專攻那一科。

雖說在棍子的加持下，外在學習動機增加，但是這種外在動機持續性較短，很難從心底真正改變，更難使學生真正愛上書本，學習如果不是出於自動自發、自願的內在動機，哪天棍子沒了，學習的動機可能就會蕩然無存，且也可能破壞親師間的關係。

畢業出社會已經這麼多年了，那清晰的畫面恍如昨日歷歷在目，有時茶餘飯後拿出來講給學生笑笑，學生彷彿在聽「天方夜譚」般覺得不可思議。

姑且聽之，姑且笑鬧，這是教育時代的變遷，也是台灣大多數人求學時共同的經歷，每個年代的背景不同，方法不同，「愛之深，責之切」背後的目的無非是希望孩子用功念書，家庭經濟狀況不佳者更期待藉由讀書以求脫貧。不管時代如何改變，師長們殷殷期盼孩子將來有好出路，有機會選擇自己所愛，有能力為自己掙得美好人生的期待是永遠不變的。

過去家長送棍子給老師，學生考不好在學校挨了打，回家都不敢吭一聲，乖得像貓一樣就怕父母知道了再挨一記。

　　但是，沒有棍子的年代，還有什麼理由讓孩子讀書？

　　少子化的今天，進入零體罰年代，別說棍子，老師連對孩子們「口頭叮嚀」都要萬分小心。家長稍有不滿，直接殺進校長室破口大罵的新聞時有所聞，尤其，現在 1999 專線，跳過與老師、學校溝通的管道，直接告上教育局，上達天聽，被投書的理由莫名其妙、五花八門。然後督學親自到校訪視，行政人員忙得人仰馬翻只為了交出一堆報告來回應上級。更嚴重的情況還有家長恐嚇老師：「我跟某某議員很熟，要到處發放黑函，或投書水果日報，讓老師全國出名……。」試問，幾次之後，誰還有遠大的抱負想燃燒自己的生命去替孩子賣命，萬一賣錯命，豈不找死？

　　老師也是人，也有七情六慾，當老師在為教育力挽狂瀾做最後的困獸之鬥時、希望能盡力救起每個孩子時，或許是太急，或許是恨鐵不成鋼，但在一次次的熱忱奉獻後，卻被家長投訴及摧毀，教育究竟還剩下什麼？

　　如果家長對老師的教學採信任及支持，那還好說。孩子這株小幼苗在老師的春風化雨之下絕對有機會可以長成蓊鬱大樹，最怕的就是家長對孩子的教育不理不睬或過度干預，即便老師有十八般武藝也難大展身手。

　　記得在《天下雜誌》看過一篇調查，現在最在乎孩子學業表現的已經不是老師了，而是學生家長。老師在校只能盡力協助，無法高壓管制（況且高壓手段只會造成學習上的反彈），除了老師在教學方面設計多元創新的教學來提高學習動機之外，重點還是得回到源頭，願不願意主動實踐理想、虛心學習，還是得看孩子本身，孩子自己的人生得由自己成就。

抽到籤王班

> 不過 10 歲、11 歲的年紀，
> 這些孩子到學校究竟是有多少火氣要爆發啊？

暑假期間，四年級升五年級的學生編班作業完成後，一拿到班級名單，我就一一打電話請教孩子們上一屆的老師，探詢一下每個孩子學習的狀況、交友情形、家庭背景等等，除了進行「身家調查」外，我更想知道的是，我抽到了什麼樣的孩子？這一群有緣的孩子將與我度過國小階段的最後兩年。

在職場上工作的人，相信都會同意一點，如果你是業務，你會希望遇到的都是善解人意的好顧客；如果你是老闆，你會希望即將共事的同事是好相處的人；如果你是老師，老師也是凡夫俗子，當然也會希望抽到的每個孩子都是循規蹈矩、樂觀進取的好學生。

每到編班抽籤時，就是全體學生的大摸彩，老師們都很關心抽到了什麼樣的孩子。抽到「上籤」，樂觀進取、安分守己的好孩子，那一定是上天特別眷顧，體恤老師過去這一屆兩年的辛苦奉獻，安排了可愛的小天使相伴左右。

若是抽到眾師避之唯恐不及的「上上籤」，哦哦！那一定是老天爺知道你有更、更、更強大的能量，知道你有足夠的愛心、耐心、善心、良心可以誨人不倦，提醒老師用心體會古人孟子的高 EQ：「天將降大任於斯人也，必先苦其心志，勞其筋骨，餓其體膚，空乏其身，行拂亂其所為，所以動心忍性，增益其所不能。」

雖說不管是抽到「上籤」還是「上上籤」都是有「十年修得同船渡」的強大緣分，但是，心中不免期待、祈求神明保佑「上上籤」最好速速退去，千萬別來干擾啊！

　　但是，這通常僅止於幻想，幻想是美好而不切實際，現實卻令人感到殘酷。

　　當班級編班完成，交接的老師告訴我，班上的「籤王們」「全部」被我抽中時，我的心情真是五味雜陳啊！我大嘆一口氣，到底我們是有多深厚的緣分要編在同一班，綁在一起兩年？聽著交接老師高分貝激動地述說著籤王們過去的「豐功偉業」，嘖嘖嘖，不禁搖頭悲嘆，有感接下來的日子，應該是彼此「度化」了。

　　別以為老師很偉大，當眾生個性剛強、難調難伏時，老師不要被度走就很不錯了。想要眾生由迷而悟，由苦而樂，從凡入聖，不是那麼容易就可以辦到的。

　　開學前，同事建議我先去廟裡收驚拜拜，有拜有保佑。開學前，不是只有孩子才會有「開學焦慮症候群」，老師也是肉身凡胎，雖有度化眾生之意願，但萬一眾生的個性剛硬如鐵、頑強不屈，要用何種方法來勸度，使其深信正法呢？

　　果不其然，開學沒多久，我就見識到班上血氣方剛的「火爆浪子」。

　　通常班上只要有一位這樣的孩子，老師的心臟就要強一些，鬥智鬥法、鬥愛心、鬥耐心，正所謂「道高一尺，魔高一丈」。高年級 10 歲、11 歲的孩子，有些人會早熟一些，已經略有國中生叛逆的模樣。若是自我意識較強、忍受度低、肢體動作較大的「火爆浪子」，分分秒秒都容易出狀況，稍有一個聲音或與同學的小小擦撞都可以被扭曲解讀成是「故意的」、是在「嘲笑」。只要令這些爺兒們或公主不滿，下一階段會出什麼招式，會口出何言，不是一開學就可以輕易掌握。師生總是要磨合個好幾回，過招好幾次，才能摸清楚對方底細。

然而，如果班級內只有一位「火爆浪子」就算了，因為這已經是挑戰老師的耐力了，老師除了要管教言行不當的孩子，更重要的是要保護其他孩子，避免小小糾紛或莫名其妙的誤會引發更大的戰事。

令人震驚的是，在這個班級，竟然還不只一位（我的媽啊！），如果只有一位就算了，因為一個巴掌拍不響，當孩子「獨角戲」唱得很無聊時，通常就會自動閉上嘴巴，乖乖端坐在座位上。但是，事情就是沒那麼簡單，人生就是沒那麼順利，人生就是非得要來個九彎十八拐的路才會更精采。除了好幾個「火爆浪子」之外，「激動戰士」也有好幾個，嘖嘖嘖，我甚至一度懷疑，該不會像這樣的孩子，全都集中到我這一班了吧？老天爺也太看得起我了！

這群「火爆浪子」、「激動戰士」所引發的口角爭執是常態，班上時時刻刻都在上演爭執劇，開學沒多久，我就見識到他們的厲害。

這群孩子們常常在課堂上，自動忽略老師站在講台上那循循善誘的身影，往往課堂上某個孩子一句不經意的回答，就可以戳到某人的點，就可以讓某些人反彈。於是，兩方人馬就在底下逕自你一言、我一語，不甘示弱、唇槍舌劍地開戰了。

老師呢？老師到哪裡去了？別懷疑，老師我還站在講台上，台下竟然放肆地開起火來，完全自動眼盲，無視老師的存在。兩派人馬要是沒把對方攻到閉上嘴巴，絕不善罷甘休。

老師一出言制止，這些火爆浪子對於空氣中瀰漫著老師諄諄教誨的耐心，如同空氣一樣，完全無感，制止無效，每次到了最後，劇情一定會出現「獅吼功」及「動作片」，高分貝的音量只為壓過對方氣焰，動口之外還要動手，起身作勢空揮個幾拳，每每都是這萬年不敗的劇情。

某天一早，才剛踏進教室，包包都還沒放下，見到兩個孩子不知道發生何事，已經爭執到臉紅脖子粗了，我立刻出言規勸，想要消弭暴動，但是說時遲，那時快，其中一人突然衝動出手掐住另外一位同學的脖子，看他眼神猙獰的模樣，似乎不是在跟大家開玩笑。

天啊！親眼目睹暴力事件就在眼前上演，大膽狂徒，師道當前，豈可放肆！

我立刻上前將兩人拉開，但是，來不及了，他們已經糾結成一團，「一團的重量」豈是我這柔弱女子可以支撐得住？

這兩位老兄就這樣東倒西歪、東拉西扯地撞向我辦公桌上的電腦螢幕，掐人脖子的手還緊抓不放，這實在是太放肆了，竟然如此對待同學。執教鞭多年，還沒見過有孩子膽敢在班級同學及老師面前公然動粗。

聽到電腦螢幕被撞歪移動的聲音，孩子們大概自覺已經在「太歲頭上動土」了！這時又看到老師原本溫柔和善的臉，已經變成白雪公主後母的晚娘面孔，鼻息如雷，頭髮還冒出濃濃白煙，白煙直衝天花板。立刻悟出大勢不妙，這兩位「火爆浪子」才自動停火。可憐我這無辜的電腦螢幕受害者，它到底是招誰惹誰了啊？學校配發給我的電腦要是撞壞了誰要負責啊？

開學第一個月以來，這些動口動手又動腳的火爆現象天天發生，口角糾紛不斷就算了，連下課出去玩也會跟別班爭吵不休，每天都有莫名其妙的抱歉要說。

為師的我實在大感無趣，真是奇怪了，不過 10 歲、11 歲的年紀，這些孩子到學校究竟是有多少火氣要爆發啊？連走廊排隊一起去上科任課都可以推來擠去、踩到、擦撞同學，然後又爆發「連環車禍」，引發「世界大戰」。

五四這班是我帶的第三屆高年級，前兩屆孩子都相處得好好的，沒什麼大問題，來到第三屆，也就是這一班，每天班上都聞得到濃濃的火藥味。「籤王班」果然不是浪得虛名，有時候我都會覺得，孩子們不是只吃了「早餐」才到學校，而是吃了「炸藥」才到學校。然後，只因為同學的一、兩句話「礙聽」，或是誰誰誰又礙到了誰而吞忍不下，就在教室一起引爆，炸掀屋頂。

勤跑保健室

更令人不解的是，都已經五年級了，在校園生活已經滿 4 年了，連自我保護的能力都尚未具備。每次離開教室出去玩，九成負傷回來，不管肉眼看不看得到的傷口，都一定要去溫柔的護士阿姨那裡報到。

如果孩子說他得「內傷」了，那絕對是「內傷」，一定要相信孩子，如果老師不讓他去保健室，孩子很可能回家向家長投訴老師，接下來就要換老師得「內傷」了。所以，儘管我們班離保健室的距離是全校最遙遠的教室，但還是要目送孩子去保健室。只是，每每等孩子擦完藥再回到教室時，老早已經去掉半堂課。

跟牆壁過不去

9 月開學前，暑假才剛畢業的孩子好不容易自願到校幫忙老師漆油漆，一改教室牆壁非常「胎哥」的景象。油漆一連漆了幾天，遇到孩子要去補習時，就剩老師我一個人繼續努力。好不容易奮戰多時，總算漆完一整面的牆壁，卻因為歪著頭蹲太久，不良姿勢導致我兩天後，手、腳、脖子果然開始出現疼痛現象。除了姿勢不良外，應該也是平日太少勞動所致。

新學期開學後的某一天，我坐在教室後方辦公桌位置，不經意抬頭一看，瞥見黑板下的牆面。

天啊！太令人驚訝了！

若不是抬頭看，沒注意到就罷了，看到暑假辛辛苦苦奮力粉刷好的潔白牆面，不過才一個月，牆壁上竟然已經處處髒汙不堪，甚至上頭許多完整的「腳印」明顯多到，一眼就可以判定是「故意」印上去的。

我太震驚了！這是什麼「故意」的心態？難道沒有看見潔白嶄新的牆面，怎麼忍心這樣故意踢髒？

我低頭陷入深思，這群孩子到底是怎麼了，連牆壁都難逃一劫？平日在課堂上到處惹糾紛，跟別班遊玩也會出事，下課與人口角不斷就算了，現在連個牆壁都看不順眼，也要來糟蹋一下，這群孩子到底在想什麼？

　　對照過去兩屆的情形，孩子雖然也會頑皮搗蛋卻不失純真。粗心大意，小錯大錯也會犯，但越界去冒犯他人或破壞公物，顯然還沒有學會站在他人立場替別人著想。

　　暑假才和上一屆的孩子辛辛苦苦地漆油漆，漆完後還一廂情願地以為這下可以高枕無憂的再撐個幾年。沒想到，才開學第一個月，牆壁就失守了，人算終究不如天算！

　　孩子們啊！你們何苦跟牆壁過不去啊？

學生上課意興闌珊，老師也分心

怎麼懶散成這副德性，連「端正坐好」都不會？
精神怎麼如此萎靡不振？怎麼對學習如此抗拒？

送走六年級的畢業生後，迎接新的這批剛升上小五的學生，原本以為，一切都是那麼的理所當然。

開學後，在上課鐘聲響完後，我發現孩子們並沒有如我預期自動回教室上課，樓梯間三三兩兩、嘻嘻哈哈的聲音傳進教室。已經姍姍來遲，也不見孩子臉上有些許的歉意。緩慢進到教室後，看見老師已在講台上等待，孩子仍然一副事不關己的樣子。

課堂中，我在台上講得口沫橫飛，巴不得趕緊傳授新知給孩子們，眼角卻突然瞄到底下的孩子一副漫不經心的模樣。

有個孩子竟然趴在桌上，臉還 45 度撇到一旁去，接著左右兩邊輪流轉來轉去，東看西瞧，就是不正視老師。我正在上課耶！儘管口頭聲明提醒孩子要專心聽課，但多半毫無反應，講了簡直白講，自討沒趣，孩子一點也不領情，說完反而得到的是更多的白眼與不耐煩的臉色。更令人氣餒的是，這副模樣的的孩子竟然不只一位！「老師，妳很煩知不知道，我一點都不想上課，最好什麼都不要教，煩死了！」看得出孩子的這般眼神以及不耐煩的訴求。

觀察孩子們在課堂上的表現後，我發現，過去幾屆的孩子，再怎麼「痛苦難熬」，好歹也會「做做樣子」，畢竟尊師重道的觀念應該還未到蕩

然無存的地步，沒必要這麼藐視課堂、忽略老師吧！

但是，新接手的這一班，經過一個月下來的觀察，發現孩子們求學的態度和以往的孩子已經不可同日而語。

從前，我很少會因為孩子上課的「小狀況」讓我教學「分心」，我還是可以繼續講課，頂多我會用「眼神」掃射一時不小心「出軌」的孩子，提醒孩子「我看見你了」，喚醒他的注意力。

用「眼神掃射」是最安靜無聲的糾正方式，也是最不干擾正在認真聽課的孩子，通常被我眼神「擊中」的孩子，很快會意識到老師的小動作，然後報以尷尬羞愧的表情來向老師賠不是，趕緊集中精神跟上進度。

但是，又有但是了，要是每個孩子「悟性」都這麼高，那為師的我就輕鬆了。事情往往不是那麼簡單，不是每個孩子都有此「高悟性」及「高悔意」，如果再領受不出老師的「靜音提醒」，那就得走到孩子身邊，駐足講課，專人「到府服務」。

在這屆以前，不敢說每個孩子都具備「察言觀色」這能力，但學長姐們的確還算精準地體察到我任何的表情變化，常常在我眼神聚焦準備要朝某人「發射出無敵光束」時，孩子就會早一步發現老師要「變臉」了，立刻端正坐好，打起精神準備上課。

不可諱言，「察言觀色」這是一個很重要的人際溝通能力，但是，開學後幾堂課下來，我發現孩子們根本不需要具備這項能力，因為他們根本沒有把老師放在眼裡。

「老師到底算是哪根蔥？」

雖然告訴自己要冷靜，吸氣、呼氣、再吸氣……他們只是孩子，還沒學會禮貌待人，不知道對師長要敬重（明明都五年級了），不知道學習各項能力對自己的未來有幫助，不知道……，但每每被氣到火氣衝上腦門時，仍會忍不住這樣想著……「我到底算是哪根蔥啊？」、「我到底算老幾？」

對孩子們破口大罵嗎？在台上大聲疾呼精神訓話嗎？一定要把自己變成可怕的白雪公主後母角色嗎？

孩子們如此漫不經心的聽課態度，慵懶地趴在桌上，課堂中還不時回頭看教室後牆上的時鐘，東張西望眼神無法聚焦，憋憋焦焦地等待下課鐘聲。我發現，我站在講台上這麼用心地講課，孩子們究竟是什麼態度？我這歐巴桑站在台上賣老臉到底是在做什麼啊？

　　這一想，連我上課也「分心」了，這一分心，造成我思緒中斷，竟然亂了方寸，接下來，我忘記要講什麼？

　　「怎麼懶散成這副德性，連『端正坐好』都不會？」

　　「精神怎麼如此萎靡不振？怎麼如此抗拒學習？」

　　「爸媽還花大把的鈔票、辛苦的血汗錢送去補習班，送去安親班，這樣值得嗎？」

　　這些 OS 瞬間塞滿腦袋，使我分心到無法思考課堂的教學語言……

千錯萬錯都是別人的錯

到底是發生什麼「國家大事」，驚動了全班所有人？
這樣的孩子是否也用這種態度對待父母或手足？

下課，教室辦公桌旁圍滿了前來給我批改作業的學生，我正一一仔細檢查孩子們的數學訂正。遇到仍然無法理解或粗心計算錯誤者，就親自演練一次給孩子們看，試著喚醒孩子的記憶。大家圍在一旁，不管是不是自己的錯誤也一同加入討論，看看別人錯在哪裡，重新梳理自己的思考是否正確。

下課 10 分鐘，常常比上課還忙碌，利用僅有的 10 分鐘批改作業、批閱孩子的訂正、處理學校交辦的公事等等，不是件輕鬆的事，有時候忙起來，連原本要上廁所的事都會忘記。高年級的數學，常常一個小小的計算，就得牽動中低年級的計算思維，若是基礎沒打好，有時雞同鴨講演示了老半天，孩子還是聽得一頭霧水，還得找其他時間再進行補救教學。

總之，下課 10 分鐘，孩子們輪番上陣，老師忙得不可開交。

就在大家埋首數學時，一個孩子氣急敗壞地衝進教室，瞪著大眼，露出一臉凶狠，無視於眼前虛心學習的大家，破口咆哮地告起狀來，中斷了正在思考教學的老師。

我抬頭看到他的臉，立刻想起「咦？你不是習題也有錯誤嗎？怎麼沒完成訂正就去玩了？」如果不是來告狀，我根本沒發現他下課溜掉了。

對於被老師發現沒有負起責任，將數學訂正丟在腦後，沒有顧好自己的作業就下課去玩樂的孩子，你覺得他的反應應該會是如何？恍然大悟？被抓包了？大驚失色？趕緊向老師懺悔？立刻回座位訂正？

如果我當下立刻處理他的告狀問題，對這群圍著我學習數學的孩子就太不公平了。對於已經進入狀況的孩子來說，思考被中斷，下次再來就得重新啟動，孩子的思考節奏不像大人一樣，從哪裡斷掉，隨時可以馬上再接起來。

　　於是，我先問了他與同學的糾紛有沒有造成他人受傷？孩子回答：「沒有」。是不是和別班起衝突？孩子渾身發抖不耐煩地回答：「不是」。

　　既然沒有危及性命且必須緊急優先處理的事，那我先請這位「火山爆發」的孩子先回座位冷靜一下，也仔細思考一下，等會兒要如何清清楚楚地告訴老師事情的始末。

　　當然，最重要的是，我希望孩子沉澱一下火爆的脾氣，想想剛才衝進教室時，有沒有想到其他人正在做什麼？有沒有尊重在場的所有人？人在氣頭上，多半表達得不清不楚，下課只有 10 分鐘，如果光在不當的口語表達上繞來繞去，講不出個所以然，10 分鐘咻一下就沒了。別以為五年級的孩子口條很好，很多時候，他們話講了老半天，從頭聽到尾，我只有回一句「蛤？你說什麼？請再說一遍。」聽了老半天，聽不出他們要說的重點。

　　老師將話慢慢地說清楚講明白後，接下來發生的事，出乎全班意料之外。

　　那位「火山爆發」的孩子聽完我的話，發現他忘記訂正就跑出去玩，還惹事回來告狀，臉上竟然沒有一絲絲的羞愧，他並沒有因為這樣而稍降怒氣，反而覺得老師沒有「優先」處理他的問題而更加的惱火，火山似乎又接連噴發出更多的熔岩。

　　開學初期，對於每個孩子的過往除了交接時聽前任老師的轉述之外，大部分還是要從生活中慢慢觀察，很多事情如果不是遇到，說真的老師也不知道孩子接下來會有什麼樣的反應。

我和身旁的孩子們目送他回座位，看見渾身發抖、鼻頭出火的他使勁地狠摔座位上的書，「碰」的一聲引來了全班同學的眼光，大家都被這高分貝嚇到。但是，這樣的舉動，似乎無法發洩他的怒氣，接著他伸出腳，就在眾目睽睽之下，踹翻他的桌子（又是破壞公物，這桌子到底是招誰惹誰啊？）然後，繼續怒視著空氣，憤怒地顫抖著。

看到這幕，全班安靜無聲，所有的活動都在瞬間靜止，連呼吸聲似乎也停止了。

帶畢業班這三屆以來，前兩屆的孩子再怎麼樣「龍心不悅」，也不敢在全班面前肆無忌憚地動粗來宣洩不滿的情緒，沒有人應該接受他的負面情緒，如果他敢在老師面前如此，那私底下對待其他孩子的態度又會是如何？

這種無視於他人的存在，「千錯萬錯都是別人的錯」及「我是 VIP」情結的孩子，其實，這樣的例子出現在教學現場並不少見。孩子如果一直沒辦法發展出「自省」的能力，多站在對方立場替他人設想，過沒多久，這樣的孩子就會變成班級中的「刺蝟」，他的言語與行為三不五時就會刺傷同學，只要同學不小心被刺過幾次，可以預見的情形就是讓大家避之而唯恐不及了。

同儕相處學問大

到學校學習，應該是提升自己的各項能力，在團體生活中培養出紀律與原則，能與同學和平相處，互相合作，而不只是要把書讀好即可，況且，他們也沒把書讀好，對書本的態度簡直是棄之如敝屣，在教室裡恣意耍大少爺或大小姐脾氣，好像這是理所當然，無視於老師及他人的存在。

冷靜過後，喚孩子過來問問，到底是發生了什麼「國家大事」要發這麼大的脾氣，驚動全班所有人？

還能有什麼事，果然和我原先預測的一樣，不過就是下課時，在遊戲器材上玩樂，因為人擠人，有人不小心擠了一下而輕擦到他的手臂，沒有外傷，但是心靈嚴重受傷。

　　對於這種情形，多數的孩子可能會當場解決，要求對方一個道歉或思考一下要不要在人擠人時去玩遊樂器材，再不行的話就報告老師，請老師處理也行。但是，這孩子只是為了這件事情就發這麼大的「火」，又希望老師立刻接手處理他的問題，絲毫不能怠慢了他。

　　我很好奇這樣的孩子在家裡是否也用這樣的態度對待父母或手足？會不會一不高興也踹翻家裡的桌椅？

　　「不會，我在家不敢這樣。」他回答。

　　「喔！為什麼在家不敢這樣大發脾氣？」我問。

　　「如果在家敢這樣的話，鐵定會被我爸揍死……」孩子回答。

　　「喔！因為看準老師不會揍你，所以就敢亂發脾氣？」我問。

　　「…………」孩子低頭無語。

　　可見，孩子是看大人的反應來決定他的行為。他覺得老師看起來平易近人、和藹可親好講話，不像男人有天生優勢，站出來只要擺出「關公臉孔」，光臉不笑的嚴肅模樣就可以發揮「警世」效力。

　　還好，這孩子在家不會如此亂「發功」，家長也不能接受孩子這樣的行為。才五年級上學期，可以進步的空間應該還很多，只是，這一切都考驗老師的智慧與耐心。

我拿最後一名也沒關係

一副課業「沒什麼大不了」的無所謂模樣。
連「零分」都說出口了，怎麼自暴自棄到這種地步了？

國語課課堂上，在琅琅讀書聲中，大家念完課文就接續上一堂未完的解說。講解完後，我突然瞄到課文中好像是很久以前學過的詞語。經過這一個月的相處，孩子的語文程度到了哪裡，我心中大概有個譜了，心裡也非常篤定這個語詞孩子應該不會，不然來問問他們。

於是我在課堂上提問，果然不出所料，沒人會答，心中不由得暗自竊喜，老師真是孩子肚子裡的蛔蟲啊！不過，學過忘記也很正常，要學的語詞那麼多，沒有多複習時間久了也會淡忘。沒關係，只要跟著老師的引導，一步步推敲，還是可以再喚醒失去的記憶。

「誰會？這怎麼解釋？」我問。

「……………」孩子無語，面無表情。

「看看由『字』能不能聯想到什麼？」給點線索讓孩子去思考，只要稍微聯想一下，應該就可以恢復記憶。

「……………」孩子無語，面無表情。

「還是想不出來嗎？那試試看把字『拆』開，再『猜』一下，推測一下。」我乾脆興奮熱情地把線索全給了，拆開字再從字義上猜猜看，中文字義八九不離十，再推測一下，這樣應該會了吧！

「………………」孩子無語，面無表情。

「不會吧！線索全給你們了，你們要思考一下，總不能只等著老師公布答案啊！」我被孩子冷默、無動於衷的反應嚇到。

「…………………」孩子無語，仍然面無表情。

天啊！現在是全部變成「植物」還是「礦物」了？

平時下課時間不是大小事都愛發表高論的嗎？怎麼老師的循循善誘完全發揮不了作用？現在上課全部變成沒有感官知能的「植物」及「礦物」了，我快被嚇成一灘爛泥！

不管我在台上怎麼明示加暗示，孩子們並沒有因為我給的提示增多而有思考能力增強的趨勢。國語科的題目已經比數學容易回答了，怎麼連試試看的動力都沒有？況且，從他們的表情中，看不出一絲疑惑及無奈，面無表情，感覺教室的溫度直線下降已達冰點，快要結出冰霜來了。

按照以往經驗，孩子在學習上遇到困難至少會有幾個孩子動手動腦「想辦法解決」，解決的方式可能是查字典、從字推測意思、拆字想一想，再不行，猜猜看又何妨？不管最後是對是錯，至少想過一遍，大腦的神經迴路也走一遍。

只是，這種如風過耳、面容木然地看著老師的學習態度，我的心底直冒冷汗，從腳底往上快速竄升的冰凍感，讓我感覺自己像根冰棒置身於零下 30 度的北極。

怎麼一回事？這群剛從四年級升上五年級的孩子，簡直要把我「驚死」。

平日要是與同學起糾紛，什麼芝麻綠豆大的事情，不管有理、無理一律面紅耳赤要爭到全贏，為了替自己辯解，可都是爭先恐後地勇於表達，如果能把這種鍥而不捨的精神發揮到課業上頭，課業成就應該可以大躍進才對。

沒有回應的課堂

身為老師，對於課堂學習的「默然無聲」，學生像教室的「客人」般，不論有沒有學到東西，好像都是一副無所謂的樣子，難道只能被動地等著老師公布答案嗎？怎麼才剛升上小五，學習動力全都消失得無影無蹤，嚴重缺乏求知欲望？

我深吸一口氣，如果不趕快想些辦法改善，這個班要帶兩年，想起兩年是如此漫漫長夜，噴！不禁令人頭皮發麻。

下了課，孩子們一改課堂靜默，全甦醒過來，從「植物」、「礦物」變身成「動物」圍過來與我聊天，其中一個孩子說：

「老師，我考第幾名都沒關係啦！就算是考最後一名，也不會怎麼樣啦！」孩子講得一派輕鬆，既豪邁又豁達。教育部早已規定不可以公告名次，他怎麼知道自己是最後一名？

「所以你以前中年級都是最後一名嗎？」我問。

「不知道，應該是最後一名吧！因為我都沒在讀書啦！」一副嬉皮笑臉的模樣。

「為何不想讀書？怎麼才小學就放棄讀書了？」我皺起眉頭。

「我又不是現在才不讀書，我以前就沒在讀書了，我都跟老師說直接給我『零分』就好……」

說起話來還是一樣曠達，一副課業「真的沒什麼大不了」的無所謂模樣。連「零分」都說出口了，怎麼已經自暴自棄到這種地步了？

「不念書，那回家後都在忙什麼？」我好奇地追問。

「看電視、打電動、滑手機，很忙耶！」聽完他的回答，差點昏倒。

才剛升上五年級，五年級完還有六年級，再接下來的國中怎麼辦？課業該怎麼銜接上，尤其現在改成十二年國教，如果到學校不想學習，回家也不想讀書，未來這七年恐怕是虛度光陰，歲月虛延。

孩子講得一派輕鬆，好像未來如在股掌之中，那種眼神，真的會讓我以為，好像他成年以後就會立刻承接家裡的千萬祖產，當起用鼻孔瞧人的大老闆似坐擁幾間大公司，就像八點檔連續劇演的橋段。

「你家很有錢喔！以後要接手爸媽的大公司嗎？」我問他。

「沒有啊！老師，你是連續劇看太多喔？」孩子反過來虧我。

「那你還不認真讀書？」我鼓勵他。

「我以前就沒在讀書，又不是現在！」他又再次強調他無比堅定的學習態度。

聽孩子說完，我像洩了氣的皮球一樣，氣力盡失。才小五已經對學習麻木不仁，嚴重缺乏學習動機，五上才剛開始，還要兩年才畢業，這兩年我該如何與這樣的孩子相處呢？

開學這一個多月以來，我時常感到納悶及無助，怎麼這麼多人不想念書？怎麼這麼多人對學習缺乏熱情？學習應該是件令人興奮期待的事，學習應該是件快樂滿足又充實的事，人有天生好奇，喜歡學新的東西的本性，怎麼全班一副老之將至、風中殘燭的模樣？

這不該是 11 歲的孩子應有的樣子！

我的教學挫敗感嚴重席捲而來，像是爬滿身上的麻疹擦拭不掉，像是糾纏不清的枷鎖如影隨形。

同樣的教室，同樣的老師，我倒是常常思念起剛畢業的六四孩子，想著過去他們在班上散發熱情好學、積極努力的身影。為什麼六四做得到，五四卻是這般水準？書讀得好不好或許是其次，社會上已有太多實例證明把書讀好也不能代表未來一帆風順，更不能保證人生榮華富貴，仕途路上飛黃騰達。

但是，現在除了對學習毫無興趣外，連與同學之間的相處都容易糾紛四起，教室及校園彷彿布滿地雷，下一秒不知道又會是誰踩到誰的地雷，然後來個連環大爆炸。來學校不好好認真學習，光拆這些地雷、光解除這些危機，天天忙於「破案」就讓我疲於奔命，五四實在讓我傷透腦筋啊！

到底是我新接的這班學生學習態度、與人相處的能力有待加強？還是剛畢業的那班學生程度太高？以致於讓我感到天平的兩端完全無法平衡，天壤之別？

等待標準答案的學生

我們的教育是要教出有思考力的孩子？
還是只會回答「標準答案」的孩子？

課堂上一片緘默，孩子兩眼無神，嘴巴像是被隱形的線給縫死了似的緊閉著，不管問什麼，一片死寂。「難道這就是我要共處兩年的孩子嗎？平日吵到屋頂快被炸飛，上課卻 180 度大轉變，一問三不知？」肩上的擔子，不禁又向下沉了一些。

下課後大概有孩子看出了老師的失望無奈，過來安慰我：「老師，不是我們不想回答，是因為不知道我想的是不是『標準答案』，因為我不確定，我怕說錯，所以不敢說……」她想告訴我其實她有在思考，只是怕說錯會招來異樣的眼光，倒不如少說少錯，不說不錯，起碼還可以維護自尊。

任教過低年級的老師都會發現，課堂上不管拋出什麼問題，低年級的孩子們總是會熱情如火、非常踴躍地參與課堂討論，不管是說對還是或說錯，大家搶著分享自己的想法，課堂參與度極高。如果沒點到孩子發言，孩子還會抱怨「老師都不叫我」。有時候孩子課堂講不夠，下課還會黏著老師繼續未完的話題，沒完沒了地講個不停。

出現在低年級課堂中熱烈討論的情形，到了中年級便略微下降一些。孩子會發現萬一答案講錯，可能會被老師糾正或被同學取笑，覺得有一點點糗，所以開口前會想一想。

然而，有些善於口頭鼓勵的老師，孩子一樣願意分享心得或回答問題，不管正確與否，老師都會先讚美孩子的勇氣，並鼓勵他們認真思考，所以，中年級的孩子一樣樂於分享，上課仍舊愛發表。

　　但是，到了高年級，孩子自尊心變強，愛好面子，課堂上的反應普遍驟減，甚至知道答案也不想回應，即使加分鼓勵也不屑一顧。怎麼會這樣呢？從小一時嘰嘰喳喳的模樣，到高年級後就緊緊閉上嘴了，這是怎麼一回事？過去孩子是否曾發生過什麼不愉快的事，才導致這些行為？

　　或許過去的經驗告訴孩子，當個「聽眾」可能是個較安全的選擇。

　　怎麼說呢？

　　有時候沉默寡言的孩子好不容易有勇氣回答問題，或一向回答不出任何答案的孩子，這題正好他會，興高采烈期待老師點到他回答，脫口而出的答案卻是錯誤的。說時遲，那時快，老師都還來不及回應，就聽到同學搶先一步：

　　「喔！怎麼會是這個答案？」

　　「你很扯耶！」

　　「你白癡喔！」

　　「這麼簡單的題目都不會！」

　　「你到底有沒有在聽題目啦？」

　　「不知道答案就不要亂講啦！」

　　竟然出現毫不客氣的謾罵聲，夾帶著翻白眼與不耐煩的表情。如果回答的人是你，你會作何感想？聽到這種「無情回饋」，誰下次還敢「輕舉妄動」呢？

　　當然，我也想起自己小時候在課堂上完全不敢開口表達，倒不是因為害怕同學的回應，而是怕說錯會被老師飆罵，我更怕這些事會不小心走漏風聲傳到其他班級去，然後全世界都知道我愚蠢至極的消息，萬一被故友聽到，那還要做人嗎……

　　我想，高年級的孩子，好面子，自尊心強，大家都會擔心自己的想法是不是很愚蠢，說出來會不會被嘲笑，好不容易冒出來的勇氣，因為說錯反而讓自己無地自容。

營造有安全感的發言環境

我不希望我的教室變成零下 30 度，更不希望因為擔心被嘲笑而阻斷想像，每個人的想法本來都不一樣，大家的生活背景不同、感受不同、理解不同、思考的方向也不同，就是因為看法不同，才能為討論增色。

話說老師我自己在大人的世界裡也常有「體制內，狀況外」的時候，我們必須接受並認清自己與他人的不完美，因為要學習的還有很多，我嘲笑別人，下次換別人加倍回敬你，這樣的態度怎麼發展成討論？況且大家來學校是為了學習，就是不會才要學，更要學會尊重他人，怎麼能過度期待所有人的回答一定得是完美無缺的答案，難道自己每題都會？如果這麼厲害，永遠百戰百勝考不倒，那還需要待在五年級嗎？立刻以資優生之姿跳級上國中就好了，不是嗎？

於是，我開始營造一種有「安全感」的班級發言制度，不只要發表，也要仔細聆聽及思考他人的言論，尊重及包容他人的觀點，不管答案正確與否，聆聽者的態度很重要，敬人者人恆敬之。思考對方為何會這麼說？我想的和他想的是否不同？差異處在哪裡？我還可以再補充什麼？你比較認同誰說的？為什麼？

說到「標準答案」，不管是過去還是現在，「標準答案」不斷綁架了所有人的思維。為了要考試，避免有任何爭議產生，所有的問題一定得指向「一個」正確的「標準答案」，教科書也必須跟著有個明顯的「答案」，大家有正確的選擇，也好讓老師方便批改。我們的教育現場過度偏重有「標準答案」的作業及考試，更強調一定得有個「最標準」的答案。

因為如此，孩子會漸漸地發現「自己怎麼想的不重要」，重點在於它是不是他人要的標準答案。這種單向式、缺乏多元觀點、想法封閉的作業及考試，似乎除了這個答案，別無選擇。久而久之，孩子逐漸被制約，只要找到教科書給的「標準答案」就安心了，不會也不想再從其他觀點深入思考內容。

PART 1
教育現場，我看到的是

學思達教學法創始人張輝誠老師說：「教科書偏重『單項、單一』灌輸知識的陳述方式，缺乏同時呈現不同觀點、相異材料的展現方式，這明明是學術研究最重要的起點，盡可能掌握各種觀點、文獻，但教科書卻是悖道而行，其背後思維恰恰呼應了台灣教育現場過度偏重『選擇題』的評量方式，選擇題強調一定有個『標準答案』。」

　　長期以來，教科書偏向單一的陳述方式，因為單一陳述方向導致每課課文的編寫都有「主旨」，希望孩子閱讀完後發現課文在講什麼主要概念？偏偏我的思考常和備課用書（教師備課手冊）的「主旨」不同，為什麼一篇文章「只能」有「一個」主要概念呢？光從「不同的思考角度」切入就可以引發不同的觀點來作討論，每個不同背景的人閱讀完所得到的省思一定不同，擁有多元觀點才會激發出不同火花，討論更可以深化了解內容。

　　曾經在研習會場上聽到台灣讀寫教育研究學會理事長陳欣希的分享，一篇文章應該帶孩子從不同人物的觀點思考，而不是只從主角（單一人物）的觀點決定文章的深度及主旨。陳欣希指出大學念哲學系時，為了分析每個劇中人物的個性，《麥迪遜之橋》這部片共看了 15 次，每次觀看時，都假設自己是劇中的某一人，用那個人的觀點看整個故事的走向。

　　大家看電影，通常都是從「好人」的角色出發，看故事的發展，支持好人，奮力打擊壞人是大家普遍學到的真理。但若是從「壞人」的角色觀看，你會發現壞人的行為也有可能會被自己「合理化」。舉例來說，就像是「灰姑娘」裡的後母，如果站在後母的角度去看，當然會希望自己的兩個女兒被王子看上，其中一個有機會與王子結婚，嫁入豪門過著幸福美滿的生活。如果是從這個角度探討，後母想盡辦法阻撓長得比較漂亮的灰姑娘去參加舞會，似乎也就變得合乎人之常情了，因為這是一位母親對自己孩子的愛。

教科書如果能從多元觀點去探討，讓學生深度思考，而不是單一、單向固定的是非觀念（標準答案），學生學到的獨立思考及批判性思考的能力應該會很可觀，同時也能理解及包容他人為何會這麼做，不會因缺乏思考而隨波逐流。這世界上的任何事本來就不是非黑即白、非白即黑的二分法，很多時候也會出現模糊的灰色地帶，若是只能二分法，便沒有任何探討的空間，我們的教育是要教出有思考力的孩子？還是只會回答「標準答案」的孩子？

現場實況 7

家長造成孩子成為
「學習弱勢」

親自協助孩子「如何妥善安排功課時間」的家長有多少？
願意設法解決孩子「放棄學習問題」的家長有多少？
願意帶領孩子「勇於突破問題」的家長又有多少呢？

在教育現場，不是每個孩子都具備十足的學習力，一個班上總會遇到幾個「特殊個案」，如果孩子可以在師長父母的支持鼓勵下學習，可以嘗到學會後的快樂果實，誰不想要呢？但是，想要得到學會後的甜美果實，要先付出，即便過程可能辛苦，可能會跌倒。

某些孩子之所以會變成「學習弱勢」，很多時候是因為特殊的家庭背景所導致，家庭功能不健全、隔代教養、文化不足、經濟弱勢、父母忙於工作因而疏忽孩子、過度寵溺孩子、特權庇護等等，都有可能導致孩子在班上的學習是呈現「弱勢」的狀態。

或許有人會認為，家長都無能力照顧好孩子，而把孩子丟來學校，自立自強，抑或是自生自滅任其發展，完全不過問。家長一對一教導自己的孩子都不願意，老師一人面對近 30 人，又不是千手觀音，能拿這種「學習弱勢」的孩子怎麼辦？難道姑且罷了，反正一個班就那幾個？

相信多數的老師無法眼睜睜看著孩子對學習失去信心，讓教室失去溫度，再困難也會力挽狂瀾，不放棄任何一個孩子。

這裡要說的「學習弱勢」，並不是指偏鄉缺乏資源情形下的文化不足，相反地，有些家庭背景不差，甚至經濟能力很好。奇怪的是，如果家

境不錯，又怎麼會有「學習弱勢」？

　　一般社會大眾關注的焦點都集中在偏鄉，送書、送電腦、送許多資源入山，寒暑假也有許多充滿熱忱的教師進入偏鄉服務，想盡辦法拉近城鄉差距，提升孩子能力。上述的「學習弱勢」比較偏向資源不足、師資不齊或家庭經濟問題等造成的情況。

　　但是，屏除家庭功能不健全、隔代教養、文化、經濟不利之外的因素而論，正常家庭的孩子一樣存在著「學習弱勢」的情形。說起來也矛盾，這種因為家長「過度溺愛」而產生「學習弱勢」的問題，有時更是考驗老師的耐力，家長只要稍一過度施力，就會將老師的教學熱忱消滅殆盡。

　　許多家長忙於工作，無暇管教孩子，卻因彌補心態作祟導致過度寵溺孩子，造成孩子只要開口要求任何事物家長隨即允諾，讓孩子養尊處優，予取予求。孩子在校只要「自覺」學習有壓力或委屈，回家向父母「示弱」，父母就心疼不已，一狀告上學校並投訴老師。這種被投訴的狀況多數是因為老師「太認真」，也是因為老師的責任心使然，希望孩子務實，希望孩子腳踏實地，然而，家長希望的是孩子不要有壓力，快樂就好。

　　在少子化的今天，孩子變成「稀有動物」。孩子一個人在家時是「王」，在父母眼裡是「最愛的寶貝」，是「掌上明珠」，是「祖父母的金孫」。但是，到學校來就應該收起自己尊貴的身分，你就是一名「學生」，不是「少爺」，不是「公主」，和大家一樣，就是一名「單純的學生」。應該學習各項知識技能、生活自理能力、與人相處的能力並積極拓寬自己的眼界，充實自己未來的生存能力。

　　學習的過程中會有壓力、會感到辛苦是必然的，但那壓力的來源是因為要挑戰自己，征服自己。挑戰從未踏入的叢林荊棘，想要順利地走出叢林，不免被荊棘所傷，不免遇到野獸攻擊，或失足落入獵人的陷阱中，要能順利平安出關，想必會遭遇挫折。總之，在叢林摸索的進程中絕不會是一條順暢坦途。

但是，有些父母會忘記這點。當孩子帶著「少爺」或「公主」的身分入校，對待他們的孩子便要「特別寬容」，不能有所要求。孩子如果課堂上不願意學習，要尊重孩子「說不」的權利。回家功課不想寫，不願動腦，老師也不可以讓孩子補寫，因為補寫會占用到下課玩樂的時間。最好也不要補救教學，因為補救教學一樣會犧牲到下課時間。孩子只要覺得受不了辛苦，便讓他們過著自由自在、無拘無束不用大腦的生活。因為太過寵愛孩子，捨不得孩子皺眉，捨不得孩子臉上少了笑容，更捨不得孩子的臉頰上滑落辛苦的汗珠。

時間一拉長，孩子悠遊自在過日子的代價就是「不進則退」，課業越來越跟不上進度，生活自理能力不佳，等到猛然發現時已遠遠落後同學太多了，以致於想救也不知從何救起。這種「學習弱勢」，無關乎教育資源多寡、城鄉差距、家庭經濟、教師的教學品質。

孩子的「學習弱勢」，也會造成他在團體中的自卑心態，自覺不如人而看輕自己。當看到同學傑出表現時，自卑、羨慕、自責、嫉妒、眼紅……想要取得好表現，卻又怕吃苦；幻想下次要進步，卻又沒有實踐的勇氣與毅力。沒想到原本想要悠哉度日的想法，在看見自己與同儕的差異越拉越大時，最後竟變成孩子內心最大的壓力及痛苦的來源，大相矛盾。

這種「學習弱勢」是誰造成的？就是父母過度保護，無止盡寵溺孩子的代價。

家長往往覺得孩子被「要求」，感到「壓力太大」……，家長看到孩子的「委屈」與「淚滴」就承受不住。但是，願意坐下來親自協助孩子「如何妥善安排功課時間」的家長有多少？願意想方設法解決孩子「放棄學習」的家長有多少？願意帶領孩子「勇於突破問題」的家長又有多少呢？

想要投訴老師，想要摧毀教師的教學熱情是一件簡單的事，只是這些如「溫室花朵」的孩子最後又學到了什麼？

　　父母害怕孩子不快樂，因而大量減低了孩子該面對的現實挑戰，剝奪了孩子學習成長的機會。孩子沒有在正確的引導下發展出「轉化逆境」的能力，遭遇困境，只想要逃避，嬌生慣養，「挫折忍受度」降低，以致於適應生活的能力也相對降低。抗壓力低就容易產生各種不適應症、偏差及退化行為。越害怕挑戰、越抗拒冒險才是人生最大的危險。孩子越長大，反而越脆弱。

　　當孩子漸長，父母老去，人生課題何其多，父母再愛孩子也無法為他承擔未來的人生。如果希望老來安心、高枕無憂，就應該放手讓孩子迎向挑戰，學習吃苦。

來學校不想學習，會怎樣？

還沒學完就已經「放棄」了，
放棄了，那接下來呢？

孩子在求學的過程中需要父母的陪伴與關心，然而，並不是每個父母都可以或有能力提供孩子的需要。

孩子在班級中因為學習無力而演變成「學習弱勢」的情況並不少，大多數是特殊的家庭背景所致，家庭功能不健全、隔代教養、經濟困難、文化不足、父母忙於工作疏忽孩子、過度寵溺孩子、特權庇護等，都有可能造成孩子在班上的學習狀態呈現「弱勢」，這種「學習弱勢」的情形逐漸嚴重時，幾乎瀕臨「學習休耕」狀態。

有些孩子為了幫助家計，照顧家裡生意，回家後一路忙到午夜，對課業是心有餘而力不足。班上曾經有個孩子，傍晚要與家人到夜市擺攤做生意，放學後就是一連串忙碌的開始。幫忙備料，招呼客人，收拾碗盤等，忙完已經午夜，體力大量透支，若要求孩子課業有多好的表現，就真的是太強人所難了。

雖然，這孩子晚上無暇寫功課，白天到校還能虛心學習，慢慢補足，進程即使緩慢，但是盡力了就值得大力鼓掌，尤其年紀尚小就能分擔家人的辛勞，實在難能可貴。

相較之下，比較令人擔心的是，有些家庭功能不彰的孩子處於如放牛吃草的狀況，而無人管教或家長過度寵溺，捨不得孩子流汗吃苦，希望孩子的成長快樂無憂就好，導致孩子的學習態度消極散漫，配合度低。家長即便知悉卻又無暇、無力或無能管教孩子，甚至，繼續採取「放任式」教

養方式的父母也大有人在。

　　回到家後，無論功課多寡皆一腳踢開，打電動、看電視、滑手機，與網友瞎混聊天，日子看似過得恢意無憂，但長遠來看，這種對課業完全置之不理，頹廢不振的態度，其實牽一髮而動全身。

　　國小教育是基礎教育，培養孩子基本的知識能力，這些知識及技能的學習將隨著年紀而逐漸提升，國小畢業後應該具備「基礎能力」才能順利銜接國中課程。

　　這裡所指的基礎能力是基本的加、減、乘、除、聽、說、讀、寫、作等能力，例如：國語科需要具備注音符號運用能力、聆聽能力、識字、寫字、閱讀、口語表達能力、寫作表達能力等等，以培養學生有效應用國語文，從事思考、理解、推理、協調、討論、欣賞、創作，以融入生活經驗，激發閱讀的興趣，結合資訊網路，培養學生自學的能力。

　　很多人誤解了國小教育，認為國小階段的孩子只要「快樂」、「輕鬆」、「無憂無慮」、「沒壓力」就好。若是來學校只想要「享權利」，不想「盡義務」，升上國中後，連最基本的學習鷹架都沒有搭建起來，「鴨子聽雷」的情形恐怕就不是危言聳聽的事了。

　　舉個例子來說，高年級的數學，需要具備基本的加、減、乘、除運算能力、推演及閱讀理解能力，才能正確理解題目並判斷如何解題。但是，有些孩子到了五年級卻不具備小二就該學會的加減法及九九乘法，各項加、減、乘、除法的運算能力都非常生澀。我這裡所指的並不是要求每個孩子都必須在程度之上，但連最低階的門檻都達不到，高年級的新課程更不知該從何學起了⋯⋯

　　當學習新的數學概念、新的演算規則，甚至舊題材的新表示方式時，學生都必須藉由舊有的數學經驗來統合成新的直覺或邏輯經驗。如果中低年級的基礎能力都未具備，高年級如何結合舊有的經驗再往前到新的階段？五年級課本是不等人的，接續著就是更進一步的課程，如果沒有前面一到四年級的學習鷹架來支持，怎麼有辦法爬上去？

等到六年級，所有的課程會統整所有能力，一個四則運算的式子內會同時出現加、減、乘、除、分數、小數並列，除了每項運算要會之外還要能綜合運用（先乘除後加減等），如果一項卡住就算不出來。

這還只是最基本的「計算題」，只需要解題就好。「應用題」就要具備統整運用的能力，有時候看孩子們解題，或許不是數學計算能力不佳，而是理解力出了問題，試想連「題目在問什麼都看不懂」，那要如何解題？

升到高年級最常見的現象就是孩子會懊悔過去沒有「認真讀書」，因為所有的學習鷹架都沒有穩固地搭建起來，出現新的內容或進階課程就會感到害怕，因而倍感壓力。當然，如果痛定思痛急起直追，一樣可以達陣。只是，之前花多少時間荒廢課業，後面也需要相對的時間認真補救才能迎頭趕上。這裡只列舉數學一科，國語、英語、社會、自然等各科都是一樣的情形，重複上演。

雖然有時我也不免覺得為什麼要教這麼多東西，有些概念都還沒有精熟，緊接著又要上新的單元，怕孩子吃不飽，硬塞更多營養給孩子吃的下場，可能是消化不良還胃潰瘍。升上高年級最常聽家長說，尚可理解中低年紀的數學，或許還可以在家裡自己教，但是到了高年級，數學的難度大大提升，家長已經無法負荷，只好花錢送去補習班、安親班。

甚至聽家長說，孩子早在中年級時就「放棄」數學了，聽到從關心孩子的家長口中說出「放棄」兩字，不禁想到連最基本的加、減、乘、除運算（小數、分數等）都還沒學完就已經「放棄」了，放棄了之後呢？新的數學課該怎麼辦？

之前教改打出一個口號「快樂學習」，很多人認為考試帶給孩子壓力，孩子念書念得很辛苦，當然不快樂，所以提倡「快樂學習」。但是，也因為「快樂學習」造成多數人的誤解，以為「快樂」等於對課業不用出力、不會辛苦。試想，小學階段如果抱持著只要「快樂」、「輕鬆」、「無憂無慮」、「沒壓力」，畢業後連最基本的能力都不具備，國中還有更多元、更深度的課程，將又該如何接招？

學習休耕

　　最後，呈現「學習弱勢」、「學習休耕」的狀態而對課業自暴自棄的孩子，往往會變成老師在班上最棘手的問題。

　　怎麼說呢？這些孩子大部分缺乏家庭的愛與溫暖，欠缺督促與關懷，對學習缺乏動機及興趣，到學校因為不想學習，大腦閒置，整天無所事事，飄過來又盪過去。

　　如果孩子到學校不思學習，沒了生活目標，心思不放在課業上，很快的，他就會發現「日子很無聊」。

　　「無聊」是件很可怕的事，它會令人感到空虛寂寞。中、高年級的孩子一天要待在學校 8 小時，除非請假離開，否則都得乖乖待到放學。這期間若無所事事，飽食終日，無所用心，日子不踏實，心靈沒寄託，這樣的日子久了會令人發毛。

　　人生在世，總要有什麼事情是他可以關注的、可以發揮的，若沒有找到適合自己的舞台來補足心靈的空虛，日子還真不知道該如何過下去。對於這種學習乏力沒有興趣的孩子，就會逐漸把眼光聚焦到其他地方上。

　　就我在教學現場的觀察，這種「學習休耕」的孩子，因為無心於課業上，來上學就是等放學，一上課就是等下課，別的孩子是下課忙著訂正，將錯誤的習題學會後改正，但他們對學習知識充滿不耐，一聽到下課鐘響就會用最快的速度朝操場飛奔而去。

　　這種「學習休耕」的孩子，如果是安分守紀、不越雷池一步的孩子那倒還好，因為他會懂得尊重別人，不去妨礙他人。但是，萬一不幸剛好是個父母寵溺的孩子，或是那種「千錯萬錯都是別人的錯」心態的孩子，或是情緒比較容易激動的孩子⋯⋯，常常只要發生一點芝麻綠豆大的小事，很容易就與他人發生衝突起糾紛，搞到最後「手來腳來」也是常見現象。

　　因為與課業絕交，所以更會聚焦到他所引發的「糾紛」上，處處鑽牛角尖，常常為了這小小糾紛，硬是要與同學爭個高下，拚得你死我活，搞得臉紅脖子粗。

因為有太多的時間可以「記恨」與「尋仇」，下次在遊樂器材區或籃球場、走廊上，冤家路窄不幸碰面了，一點點擦槍走火，一個看不慣的眼神不慎對上，一個不經意的輕微擦碰，新仇加上舊恨，又是沒完沒了。

　　因為處理激動情緒的能力還不成熟，孩子在氣頭上時多半會「逾越分際」把持不住，發現惡言相向、肢體動作等「私了行為」無法解決時，小事鬧成大事，一狀告到老師那裡，老師又要再花時間細聽事情原委，抽絲剝繭，仔細查證忙破案……

　　下課只有 10 分鐘，老師除了改作業，還要看孩子們的訂正及補救教學，還要備課及批閱聯絡簿。由於接了新班，對學生及家庭背景都不甚了解，還有行政方面交辦的事要完成，還要鑽縫上廁所……哪有那麼多時間排解一大堆莫名其妙的糾紛？

　　上述的行為比較偏向男生，那「學習休耕」者如果是女生呢？女生若不思課業，大部分會讓她聚焦的是「人際問題」，因他人的指指點點而造成自卑畏縮，或看不慣某些人優秀的表現而捻酸吃醋，並在同學背後說三道四而被人告發，因心思都聚焦在同學對她的排斥、謾罵等負面思考而呈現情緒低落的狀態。

　　以上這些教學現況，就真真實實發生在自己的班上。對於新接手的這個班級，開學初期，每節下課都有人來告狀，人數多時告狀還要排隊，我最不喜歡做卻又最常做的事就是排解糾紛、化解口角、釐清打架的原因。這些微不足道又沒頭沒腦的事天天輪番上陣，光處理這些不勝其煩的鳥事就足以把班級搞得烏煙瘴氣。

　　從這些「學習休耕」的孩子身上也容易發現，不想學習者除了學業成績不佳造成不如人的自卑心態之外，多數也缺乏耐心來替他人著想，與同學發生糾紛是常態，腦袋沒裝進東西已經要悲鳴三聲了，連品格修為、公民素養也跟著下滑。

　　現在的學習環境中瀰漫著一種「不考試就不讀書」的求學態度，或許還算是好的，對照自己的班級，現下是「即使要考試也懶得讀書」的情況，對各項事物沒有好奇心，對學習不抱有熱情的態度。

孩子整天只想著「快樂」、「輕鬆」、「無憂無慮」、「沒壓力」過生活，雖然老師可以嚴格一些，採取斯巴達威權式的教育方法來管理全班，雷厲風行地實施班級政令、強勢領導。

但是，我的想法是，我自己也當過學生，也曾在教師的霸權下生活，那種度日如年、動輒得咎、伴君如伴虎的強烈痛苦，忽視人權的威權、高壓式管理，每天只能認命地被「高度期待」，說一就是一，說二就是二，被壓得喘不過氣，那種無助曾讓我渴望自己生一場病，就可以理所當然請病假在家，我寧願「生病」也不想來學校上課，或常異想天開，期待發生地震或颱風就可以放假不要上學。

在這樣壓抑及威權管教之下，也可能造成孩子的恐懼與對立，容易忽略孩子的情緒、能力、需求及期待等，才開學就讓孩子驚得不敢來上課，就很難建立起親密的師生關係。

我冥思苦索，若不趕緊找出讓孩子發自內心、真心誠意想要改變學習的有效辦法，喚醒學習熱力，恐怕整個班級的學習力全都要賠進去了。

一個都不能少

一個班級隨著「學習休耕」及「學習邊緣人」的增多，
將會發生什麼後遺症呢？

孩子缺乏學習動機，到學校來一點都不想學習，我思考著該如何面對？

對於在班級中「不想學習」的孩子而言，老師若打算「放水」，睜一隻眼閉一隻眼，或乾脆眼不見為淨的話，撒手放他「學習休耕」去，看似直截了當、大刀一揮、乾淨俐落地處理了他「個人」的學習問題。但是，最難的挑戰還在後頭。

隨著高年級課業的難度增加、科目變多及壓力漸大，再加上家庭功能不彰的影響，這些「學習休耕」的孩子，如果老師沒有有效處理，對一些原本就不太熱衷學習，但尚可教化的其他孩子而言，恐怕會因不良示範而造成更多「學習邊緣人」的增加與跟進。

一個班級隨著「學習休耕」及「學習邊緣人」的增多，背後就會引發一連串難以想像的後遺症。

會發生什麼後遺症呢？

剛開始，一個班級確實就只有那幾位「學習弱勢」的孩子呈現「學習休耕」的狀態。但是，別小看這現象，其他的孩子們都是聰明的，他們的眼睛都是雪亮的。孩子慢慢會發現，老師好像對「那些同學」的態度「很不一樣」，有些事情對「那些同學」好像「寬鬆了點」。

「他擺臉色給老師看，老師好像無所謂。」高年級接近青春期的孩子，一堂課要關在教室裡 40 分鐘，動不動就賞老師一副「懶得理你」的

臉色，尤其是男生，想起他們小一剛踏入校園那天真無邪又可愛的模樣，現在一切只能成追憶。

「他上課都趴著，完全不聽課，老師也沒對他怎樣。」

「某某人都沒交作業，用具也沒帶，老師也沒要他補寫。」孩子們最在乎公平性，冰雪聰明的孩子很快會發現這些狀況。

對於「功課不寫」，聯絡家長，請家長留意孩子的在家作息，有的家長會跟你說「他也不知道該怎麼辦」；有些家長說「會改進」，但從沒見著成效；有些根本找不到家長，不知去向，寫聯絡簿不回，打電話不接⋯⋯老師又不能跟著孩子回家，督促他寫功課。

好吧！只好請孩子下課補寫，沒想到一下課就溜走了，還要請熱心的孩子去找回來。麻煩的是，有的家長因為過度溺愛不允許孩子利用下課時間補寫功課，因為下課時間就是要去盡情「解放人生」，快樂時段容不得被剝奪。對於某些想法「異於常人」的家長，孩子只能「享受權益，不能盡義務」，老師要是再堅持，無異與自己作對，家長只要投訴老師，自己困擾就算了，還連帶拖累處室的同事，老師就像討不到債的債主一樣。

以下再類推 5-10 例，其他孩子就會發現老師對他「量如江海」、「慈悲為懷」。即便老師想要使力改變現況，也因為羈絆太多而漸感無力。這會使得原本即是或接近「學習邊緣人」的孩子，也會慢慢步上「學習休耕」孩子的後塵。就好像「招魂」一樣，慢慢招，慢慢招，招來第一個，有一就有二，接著第三個⋯⋯「快樂」、「輕鬆」、「無憂無慮」、「沒壓力」的生活實在是太誘人了。

一開始，老師只會「稍加提點」一下，但是這些「學習邊緣人」因看著「休耕者」對學業的停擺效應，自由自在、逍遙無邊，再加上感受到課業的壓力漸大、家庭缺乏督促等原因，不知不覺也誤入歧途。

那些被招來的孩子，剛開始還算有一點「良心」，老師因為考量他過去無不良表現的紀錄，對這樣的孩子還抱有無限期待，在被老師好言規勸時還會不好意思面露愧色。

等到老師發現苗頭不對了，這些原本長得慢，尚且正向成長的小幼苗怎麼突然歪掉了，孩子的學習態度怎麼愈加沉淪，開始積欠功課不補，抗拒學習，變本加厲，「口頭規勸」已經完全失效了……

班級經營說起來就像是政府管理治安一般，當口頭勸導、愛的管教已經無效，不是提高罰鍰，就是加重刑責以遏止歪風。

亂世只好祭出重典，老師想盡辦法將這些誤入歧途的小羔羊抱回來。有些孩子會虛心接受，覺悟自己的疏忽，迷途知返。但是，有的孩子個性倔強不領情，就會以那「學習休耕」的孩子為例，認為老師「不公平」對待他們，明明一樣都是沒寫功課、上課打混，老師卻可以對他們「量如江海」、「慈悲為懷」，不滿竟然遭受差別待遇。

這些被招來的「學習邊緣人」因為不滿的情緒高漲，開始對老師反感，有時甚至較激進的孩子會以「放棄學習」來表示抗議，消極抵抗，他們以為讓老師生氣是成功報復了老師的不公平對待，但其實是放棄自己的學習機會。

小心班級的「次文化」

當班級的「學習邊緣人」及「學習休耕」的情形增加時，班級的讀書風氣就會衰敗。原本正常學習者，多少也會受到波及，因為當他想認真聽課、努力讀書時，他的「眾人皆睡我獨醒」則顯得鶴立雞群。如此惡性循環下去，不用多久，正常學習者也會跟著受到旁人影響而淪陷，整班的讀書風氣將逐漸走向衰亡。

班上不想學習的人一多，這些人就會發展出一些「次文化」，有些不干預課堂倒也還好，有些不但影響人際問題還會影響人身安全（霸凌行為），連帶引爆一大堆莫名其妙的事。

原本，來到學校是為了求學並習得知識及技能，但因為和同學之間的糾紛，老師不僅處理不完還會占用到課堂時間。少子化的今日，每個孩子都是寶，部分「異於常人」的家長只在乎自己的孩子，就算是自家的孩子動手打罵同學理虧在先，這些家長也會解讀成「是對方先起爭端」的推卸心態，家長忙於工作只想速速「擺平」孩子的事，有多少家長還會記得再找時間回頭「管教」自己的孩子呢？遇到爭執，家長萬一不滿老師的處理，一狀告上學校，不但嚴重影響老師情緒，連帶上課都會受到影響。

一個班級的讀書風氣若是衰退後要再提升，親師生都要非常努力，既然如此，倒不如一開始就用心經營，維持穩定的成長。

所以，除非孩子智力低弱需要另外施教，否則，給孩子一個機會，力勸浪子回頭，想盡辦法給孩子學習的支架，同儕協助也可以，更重要的是讓孩子真正明白學習的目的到底是什麼，不是為了老師、家長、安親班，也不是為了贏過他人。

老師嚴格管理班級的方法雖然也行得通，但這種效力是「外在控制」，只能收短暫之效，孩子被迫不得已需要學習，他的內在動機仍舊呈現貧乏狀態，對於這種被逼上架、不得不做的事，只會造成孩子心理更大的反感。有一天，若外在動機消失時（老師的督促），孩子可能再也不願拾起書本了。

所以，創造一個願意學習的環境，喚醒孩子的學習熱情，在開學之初尤為當務之急。既然如此，我得盡最大力量幫助孩子學習，可以慢，但絕不可以停擺，絕不輕易讓孩子「學習休耕」，一個都不能少。

學習談條件,沒賞免談

考 80 分竟然也有「獎金」?
如果沒有錢的鼓勵,你還會認真念書嗎?

新接下這一班,開學時,辦公桌總是圍著一群孩子,在嘰嘰呱呱的閒聊中就有孩子說:

「老師,我只要考試考到 95 分,就可以得到 200 元。」

什麼!我嚇了一跳!只要考到「95 分」就有 200 元?我納悶的是竟然不是考 100 分!接著,另一個孩子聽聞也來報告他的「薪資表」。

他說:「考 95-100 分可以得到 200 元,考 90-95 分得到 150 元,考 85-90 得到 100 元,考 80-85 分可以得到 50 元。」

聞畢,我驚得下巴掉下來,考 80 分竟然也有「獎金」?

就國小階段而言,考 80 分怎麼算是難事呢?我依稀記得小時候,同學間的行情都是「100 分」才有得賞,怎麼現在的標準下降得這麼快?是父母錢都賺得比較多?還是,想用「更高的金錢」引誘他們在學習上多加著力?

因為好奇,所以來做個班級民調,我發現 85％ 以上的家庭,的確會用「金錢」或其他「高物質」(如吃大餐、買玩具、手機、平板、去遊樂園等)來鼓勵孩子的學業表現,而且他們的「獎金」有些還高得嚇人,我聽過獎賞是以「千元」起跳的,而且還不用考到 100 分就有賞。而且,領完父母的獎賞,祖父母接著繼續賞。

更令我驚訝的是，孩子們幾乎都是與父母談好條件後，才決定努力的深度。這和我過去印象中先取得好成績，接下來由父母自主決定如何賞賜的想法大相逕庭啊！

我試著問他們，如果有一天爸媽將你考好的獎金或禮物全部降為零，讀書本來就是你自己的事，他們也沒必要給你錢，如果沒有錢的鼓勵，你還會認真念書嗎？

「沒錢，那幹嘛那麼辛苦，我才不念……」我話還沒說完，馬上有人大聲回答，而且一臉不屑。

「我也不念……」好幾位馬上大聲附議。

「我又不是笨蛋！」還有人補了一句。

「沒錢，免談！」哇塞！嚇死我了，每一位都講得振振有辭，如此阿莎力。

這下子我明白了，原來這「金錢及高物質的獎賞」是驅使大部分的人努力學習的標準，不少人是看在「錢」或「獎賞」的份上才願意讀書。這下子，我更確定這群孩子不知道求學的真正意義何在了。

難怪，之前我發現的課堂「怪現象」，原來是這種心態作祟下的結果。

什麼課堂怪現象？就是孩子們對我說話的語句，幾乎都是「條件句」。

只要我要求孩子完成份內工作或作業，孩子如同被上好發條，如同被施咒般固定吐出這種句型：

「老師，如果我們做完了，下節課讓我們去打球。」竟然要求老師將正規課用來打球？有沒有搞錯？

「老師，如果我幫妳的忙，老師要幫我加分。」課堂上幫忙發作業、發用品，竟然被孩子們歸類成是在幫「老師」的忙。而且竟然命令老師，堂而皇之要起加分來了！拜託，那是服務同學，又不是幫忙老師，況且同學間本來就應該要互相合作，什麼大事小事到孩子手裡全變成「協商說」。

「老師，要送文件去北棟喔！那麼遙遠，我要加分，沒有好處，我才不去。」還搖搖頭兼翻白眼。回想自己求學時，老師對我們學生所提出的各項要求，簡直如同「聖旨」，當學生的向來只有「接旨」的份，誰敢「抗旨」啊！

「老師，如果我們平常考考好，你就帶我們去戶外教學。」滿腦子都是玩！從開學以來，心思都沒在書上，是怎樣能考好啊？神蹟降臨嗎？

「老師，如果我們認真閱讀，我們全班要吃麥當當。」孩子們從我的臉書上發現，因為學長姐閱讀成績勇奪全校之冠，為了嘉獎他們的努力，犒賞全班吃麥當當。但是，我親愛的五四孩子，老師不免也要發一下牢騷，你們才閱讀兩、三本書，就要求吃麥當當，未免也太敢言了吧！

「老師，如果我們月考考好，獎金要再多一點。」有廠商贊助全校成績優異者，每人「20 元」的圖書禮券。每次發這「感恩獎學金」，好像都沒人感恩，甚至感覺坐在底下觀禮的孩子還會偷偷竊笑。

「老師，如果我們功課寫完了，妳寒暑假帶我們出去玩，我們也要和學長姐他們一樣。」當孩子們一知道編班完後我是他們的導師，就在我的臉書上認真做功課。他們從我的臉書上看到，學長姐畢業後，我利用國中暑期輔導前，還沒正式接觸國中水深火熱生活前的那段空檔，設計「跟著課本去旅行」的活動，帶著他們玩遍國語課本內出現的各地名勝，上山又下海，橫行高雄。但是，我親愛的五年四班啊！老師不免又要發一下牢騷，你們才寫一項小小的作業，就邀這麼大的功喔？

每次聽到這種句型，心理就會 OS：「大膽！對任何課業或工作都沒見到付出，就急著跟老師談條件？學校內的各項學習機會，是要磨練及增加你們的生活自理能力及學科知識、技能，沒想到處處反過來邀功，好像老師在『拜託』你們似的，而且竟然要求得那麼理所當然、理直氣壯！」說真的，前兩屆的學長姐們，好像還真的沒這樣囂張，籤王班的口氣，果然不一樣。

但是，從另一方面想，孩子們可能覺得我有話好商量，就算在我面前說話不得體，也知道我不會用力批判他們（用力責罵他們實在太傷喉嚨

了，不智之舉，我已經從良了），所以他們什麼話都敢在我面前提。身為老師，誰不希望孩子能說出心裡話，至少老師比較知道這些快進入青春期風暴的孩子們在想些什麼，若有什麼偏差，老師也能及時提醒及糾正。

不過，話說回來，正因為這些才 10 歲出頭的孩子們還在「社會化」的過程中，所以他們的直言，有時又會覺得可愛又好笑，這的確就是小孩子簡單的思維，所以，想到這裡，老師還有什麼氣要生？就是因為還沒完全進化為「社會人」，如果他們都這麼成熟穩重、辦事老練，那就不需要老師的諄諄教誨了啊！

通常，聽到這種條件句，我也會既優雅又慢條斯理地報以「條件句」回應他們：

「如果你們份內工作沒做完，那以後體育課就別打球了哦！」孩子發現賭大了，因為都還不確定自己份內工作是否做得完？

「如果以後老師幫忙你，你要給我什麼獎勵呢？」沒想到老師也來邀功，孩子們嚇一跳。在求學的這條路上，他們絕對知道，老師要幫他們的地方實在太多了，因為「無以回報」，所以嚇得全部語塞。

「如果嫌加 1 分太少，那就加 5 分，但是要加 5 分，我就要用『高標準』來檢視你有沒有達成任務，要是使命未達，直接扣分。」他們都知道「高標準」的難度頗高，因為老師還有「超能力」可以「雞蛋裡挑骨頭」，被扣分的風險較高，想一想，退而求其次，加到分就好，先安全上壘比較重要。

「如果你們平常考考不好，那你們要帶我去哪裡玩呢？」他們聽完我的話就更加惶恐了，因為考不好的機會絕對比考好的機會要高很多，老師只要故意把考題難度提高，全班馬上就考差了嘛！

「如果你們沒有認真閱讀，沒有達到老師的要求，那就天天輪流請老師吃麥當當。」講到這裡，自己都忍不住偷笑，因為學校附近就有一家麥當當，想賴都賴不掉，哈！

「如果你們月考考差了，麻煩每個人做公德，捐 20 元給慈善團體，善有善報喔！才 20 元就可以做善事，爸媽會以你為榮喔！」要別人拿錢出來講得一副理所當然的模樣，等到要自掏腰包時，豈止是面有難色而已。

幾次下來，他們就會發現「道高一尺，『師』高一丈。」這種得不到任何好處反倒理屈詞窮、自取其辱的把戲，就沒人敢玩了。一來想想自己好像都達不到要求，卻又只想著先談條件，未免好高騖遠。

對於求學的態度，從孩子們的這些「條件句」中也可以看出端倪。孩子搞不清楚為何要認真學習，學習好像只是為了得到好處、應付考試、給爸媽一個交代，孩子們不清楚求學的目的是什麼？

很多時候，孩子在得到第一次獎勵時會很高興，也會感恩，但是沒多久便會來打聽「下一次」的禮物是什麼？如果聽到的答案不如己意，就會當場抱怨起來，那種「好爛喔！」的鄙視眼神，彷彿訴說著「下次的獎勵不好，不用太認真努力了」。

孩子們把學習當成是一種「苦差事」，完成苦差事後，理應要得到相對的收穫。如果沒有，那又何必努力付出？

努力學習應該是為了成就更好、更理想的自己。原本獎賞的出發點是為了「肯定」及「鼓勵」，久了之後卻變成「理所當然」，甚至沒獎賞或少賞了孩子還會大發牢騷，完全本末倒置。

我告訴孩子，沒有人應該給你們任何獎賞，你們開口去要也是極不禮貌的行為，我希望孩子明白接受別人的美意並心存感激，但是不要期待或要求別人還沒給的獎賞。

金錢或高物質獎勵的後遺症

一般父母見到孩子的好表現或好成績，通常的反應是把錢拿出來犒賞孩子，一來是因為這「獎金」的效果最顯而易見，孩子馬上可以用錢去買自己期待已久的東西（但也有存起來，積少成多），父母可以立即看到孩子「欣喜若狂」的表情。

另一個就是，「金錢獎賞」是最不用父母花大腦去思考該如何獎勵的最快辦法。許多父母平常忙於工作，無暇陪伴孩子，給了錢，孩子開心，父母省事，立刻解決父母忙碌的問題，皆大歡喜。

這「獎金」制度其實很像大人們的工作獎金，金錢不論對大人或小孩而言，都是一種誘惑。

大人因為有生活的壓力，上有高堂下有孩兒，車貸房貸一堆貸，養家要花很多錢，金錢的獎勵的確是最有效、也最實質的鼓勵。但是，對孩子來說，孩子對金錢的觀念不像大人那麼成熟，以金錢或高物質條件來當成考高分或好表現的獎勵，雖然短期內可能會有立竿見影之效，但若拿捏不當，讓孩子誤以為這是「交換條件」，也容易造成孩子「有『錢』好辦事，沒『錢』免談！」或「『錢』不夠多，則考慮再三」的功利主義心態問題。

而且，在孩子學習的過程中，父母若過於重視「結果」，只以成敗論英雄，反而會忽略了孩子在面對問題時所展現出來的態度及誠意，忽略他們在這段奮鬥歷程中所學習到的寶貴經驗。

就學習的態度來說，「過程」遠比「結果」重要，就算結果無法盡如人意，只要孩子真的盡力了，就值得肯定。在學習的過程中，擁有積極、熱忱的求知態度及願意努力嘗試的誠意，這才是值得嘉獎鼓勵。此外，在經歷挫敗後孩子反省到什麼道理？激發了什麼樣的思維？擁有了什麼樣的氣度與精神？很多時候，這些體會及經歷反而是促使之後更成功的重要因素，都不應該忽視這些努力的過程。

物質的追求沒有盡頭，市場上永遠有更新、更好的物品可以吸引人們的眼光，這種短暫的滿足很快就會空虛消逝，比起金錢或高物質的獎賞，父母言語上的肯定及精神上的支持，甚至親密的擁抱等肢體動作，才是提高孩子自主學習的動機和堅持下去的毅力，只有飽滿充足的精神才會帶來持久的快樂。

現代的家庭教育有一個很詭異的現象，父母可以為孩子花費金錢買快樂，卻不願意多花時間、精力、心思陪伴孩子成長。父母在教養的過程中，更應該「用心不用錢」，全心支持及陪伴孩子，千萬不要過度依賴獎賞利誘，孩子的胃口才不會越撐越大，養成有所求、有所期待的不良心態。

讚美才是最好的獎賞

> 誰不愛被誇獎呢？
> 如果能當乖孩子，誰會不願意呢？如果能夠優秀，誰會不要呢？

根據自己教書多年的經驗，其實孩子們真正在乎的倒不是那些「有形」的物品，他們真正在乎並令他們陶醉不已，其實是師長「賞識的眼神」及「肯定的話語」，這些都不用花錢，大方給出來就對了。

「哇！怎麼這麼厲害，實在是太棒了！連我都沒想到。」誰不愛被誇獎呢？

「哇！太強了，這麼有創意的孩子去哪裡找啊？」

「哇！你看看，你看看，這麼棒的作品不給大家欣賞一下，就太對不起自己了。」一定要大聲嚷嚷地說。

我會立即在班上秀出孩子的作品（或朗讀作品），表達我的肯定。待空閒時還會將孩子的優良讀寫、繪畫勞作作品以 Line 傳給「五年四班家長賴團」，我將全班的家長加入群組，此外，關心孩子的親戚如阿公、阿嬤、姑姑、嬸嬸等有些也會主動要求加入時，我都非常歡迎。

「五年四班家長賴團」除了隨時分享班級訊息零時差外，也隨時放上孩子們課堂照片及大作，讓全班的家長及眾親友們一同欣賞，親友團們也會很有默契地在欣賞完孩子的大作後，立刻圖文回應，加以讚揚一番。

科技發達就是有這樣的好處，聯絡零時差，除了免費又兼顧人性化，沒時間打字，貼個圖過來，也有同樣的效果。

等親友團誇讚的圖文回應累積得差不多時，再把孩子喚來，將我的手機交給他，讓他看看「五年四班家長賴團」對他的大力肯定。通常，手機

交給孩子後，我就會全程盯看孩子的表情，那種從頭到尾低著頭，看著螢幕一直傻笑又有點靦腆的表情，就知道孩子非常開心，這種被眾多大人肯定的喜悅及滿足感，哪是其他有形的物質比得上呢！

當孩子知道連同學的家人都如此賞識他時，他也會努力當個好同學，老師也在無形之中悄悄拉近孩子與孩子之間的距離。

在班級中，能分在同一班相聚兩年就是個很深的緣分，老師要盡力維繫班級孩子的情感，多替他們做公關，高年級孩子一天在校 8 小時，不算短，如果能與同儕和樂相處，生活也會比較輕鬆。

除此之外，我也會將孩子的作品放上我的臉書，加上幾句鼓勵讚美的話語，當孩子上網看到自己被老師公開稱讚（就算無法上網，孩子們也會經由口耳相傳而得知），知道自己受到老師的肯定及受到臉友們的誇獎，絕對又驚又喜。

老師鼓勵的言語越具體，孩子絕對會更加難忘，並深深記住這個正向行為。孩子一定會發現，原來自己這樣的表現，可以受到大家的肯定，他會發現其實只要努力付出，要得到老師的肯定並不是難事，況且，被眾人讚賞的感覺真是太美妙了，誰不想繼續保有這樣的感受呢？

人不分年紀，不管幼兒、青年、中年或老人，誰不愛聽到自己被人肯定及鼓勵的話語。家裡有養寵物的人一定更清楚，連小貓小狗都愛主人的親親抱抱，牠們都希望被主人疼愛，成長中的孩子當然也不例外。當同班同學看到別人被老師公開誇獎，他同時會學習到這個正向行為，內在也會鞭策自己繼續努力，期待自己進步，希望下一個被老師誇讚的人就是自己。

讚美，不用錢，又即時，只要打開敏銳的感官，隨時留意生活中的「小」事情，其實處處皆有可圈可點之處。孩子到校除了學習知識，也包含學習生活自理能力及與人和諧相處，不是只有成績好，考試高分者才是被誇獎的常客。

曾聽過有老師反應，説好不容易終於找到一處可以誇獎孩子的地方，沒想到才剛誇讚完，孩子的態度立刻變得驕傲起來，自以為是，造成反效果，讓大人覺得讚美還是少用為妙。

　　我在想，會有這樣反應的孩子可能平常很少被人肯定，卻一次不小心聽到過多的讚美，被捧上天，自大了起來。常常被師長誇讚的孩子，應該會懂得謙虛及感恩，感謝別人對他的肯定及鼓勵。

　　「老師今天一定要誇獎一個人，這個人……」通常講到這種句型，全班都會聚精會神安靜地聆聽，然後接著我會講一大串被讚美的事實（免費的讚美就多説點），直到講到最後一句，才會公布被讚美者是誰。

　　這種句型一樣免費又好用，尤其用來收服班級的「大哥大」或「大姐頭」最有效果。

　　或許有人會説，大哥大姐等級的人通常都是「鐵石心腸」，感化不易。但是，我想的是，當年他們出生時，一樣有著天真無邪的臉龐，一樣有著天使般燦爛的笑容，一樣牙牙學語努力認識世界。只是，家家都有本難念的經，在經過歲月的摧殘，孩子可能在夾縫中求生存而逐漸變成現在的樣子。但是，如果能當乖孩子，誰會不願意呢？如果能夠優秀，誰不想要呢？

可怕的群體「瞎起鬨」

　　記得開學第三週，有次上課，在聽完我交代課堂上的作業後，有個孩子莫名鼓譟不安，竟然當眾大唱反調（當時我心裡的 OS 是：「又來了！」），他的「喔！我不要寫這個啦！習作很無聊耶！」馬上引來其他孩子的盲目跟進，大家也跟著起鬨「我也不要寫啦！」，甚至還有孩子敲桌拍手，大家試圖用高分貝擊退老師的決定。

　　他正在挑戰教師的權威，因為這不是第一次發生，班級中會這樣缺乏理性而大聲鼓譟的孩子其實不少，只要有個孩子率先發動，後面就會引來一群誤入迷途的羔羊。面對全班不理智的反對，我心中不滿的溫度漸漸升

高。

怎麼辦？破口大罵嗎？嚴正警告發難者嗎？鼓譟者一律連坐法處理嗎？還是「拖去鞭數十驅之別院」，或大喊「來人啊！全部拖出去斬了」？

我壓抑住瞬間飆高的血壓，有時候我都會覺得如果沒有控制好自己的情緒，常常被這些接近青春期風暴孩子的無禮行徑激怒，搞不好哪天在課堂上就中風了！

我回到座位，啜飲一口冰茶，冷靜一下。

破口大罵看似立即收效，但是下次再犯呢？又要再開罵一次嗎？老師是有多大本事天天發飆罵人？喔！不！不！那實在是太傷喉嚨了，多罵個幾次不久就會出現職業病（喉嚨長繭等著開刀），我更不想把自己搞成白雪公主的後母形象。況且孩子被罵而變乖，那只是因為要驅避「挨罵」這件事，並不是發自內心想要改正，所以，罵一罵只能收短暫之效，這次罵完藥效盡了，下次一樣會瘡好忘痛。

這孩子到底有沒有可取之處呢？

忽然瞄到他桌上的作業，順手拿來翻翻，昨天的作業寫得挺好的嘛！雖然字算不上端正美觀，但至少沒有任何錯誤，也算用心。

想起剛才的挑釁，我突然靈光一閃，拿起手機發訊息給孩子的媽媽。想必媽媽正在滑手機，才一發出去，媽媽立刻秒回貼圖。

我立刻喚了那個孩子，他尷尬又有點惱羞成怒的複雜表情，想必認為老師要找他算帳。

我將手機交給他，孩子不解地接過手機，我告訴他老師剛傳訊息給媽媽，孩子聞畢，臉立刻垮下來。

他一臉憤怒不屑地看著手機螢幕，但是，隨著視覺下移，原本臉上剛硬的線條漸漸轉為柔和，眉頭鬆了，嘴角上揚，笑得很靦腆，緊接著是滿面的羞愧與歉意。

孩子為何驟然改變？

因為，我告訴媽媽「孩子昨天的作業寫得認真一級棒，看出來有用心呢！」

我告訴孩子：「老師向媽媽誇獎你昨天作業寫得很用心，媽媽給你拍拍手喔！媽媽現在正在上班，看見老師傳來的訊息，一定很開心，上班心情一定變好！」孩子看到媽媽的鼓勵，笑了。

我問孩子：「如果媽媽知道你剛才上課的態度，知道你說習作很無聊，她會怎麼想呢？」孩子不好意思地低下頭了，他意識到剛才的不當行為。不過，我跟他保證，我不會告訴媽媽剛才發生的事。

我問他：「現在願意寫習作了嗎？」他點點頭。

我告訴他，寫習作是要知道自己上課吸收了多少，讓老師知道你們哪裡還有問題、有沒有把你們教會，他用力點點頭。

我目送孩子回座位，望著他回座的身影，其實，我沒有把握他會不會改變？面對接近叛逆期的高年級孩子，不知道他到底能不能感受到老師的用心良苦？

看到孩子坐下後，二話不說開始振筆疾書，頭沒抬起來過。原本旁邊跟著鼓譟的同學，看到他的改變，「領頭羊」向善了，也就乖乖地寫起習作來了，整班安靜下來。

其實，孩子絕對知道這種行為在課堂上是不被允許，但是，為什麼還是做了呢？

因為孩子還在「社會化」的過程，總是在衝突、挑戰威權、服從等行為中，不間斷地學習社會普遍的規範和價值，透過不斷地調整自己，修正學習態度、價值觀、行為等使自己適應團體生活。

看到這幕，慶幸剛才的自己沒有因為氣過頭而「潑婦罵街」，而是把原本想要責備孩子的話變成期許。

孩子雖然欠缺「自我控制」的能力，但是，他感受到老師對他的耐心和誠意，當孩子願意打從內心自制及自律，絕對勝過老師在課堂上的大聲疾呼。經過這一次，這孩子上課的態度就上軌道了，再也沒有「出軌」。

有些孩子之所以會成為「大哥大姐級」的頭痛人物，很多時候是長期缺乏關愛的眼神及處處被師長否定。在我的經驗中，通常「大哥大」或「大姐頭」第一次被老師誇獎時，反應都是「驚嚇多於高興」。

　　我就遇過這種孩子，在被我誇獎後，感動到把我當「神」看待，甚至寫日記告訴我，他天天被大人嫌棄，總覺得自己活在世界上是多餘的，從來不覺得自己有什麼優點，每天起床想到要來學校上課，就是痛苦萬分的事。孩子才幾歲就對世界感到痛苦灰心，那往後的日子該怎麼撐下去呢？我真是替這孩子捏把冷汗啊！

　　在班上，這些大哥大姐級的人物，隨著被老師誇獎的次數漸多，就會逐漸收起自己的「芒刺」，鐵石心腸也會逐漸被這些讚聲給泡軟，誰會跟賞識自己的人過不去呢？久了，孩子們在學校的生活就會力求表現，希望自己能永遠待在雲端上。沒有人不願意成為優秀，還是老話一句「讚美免費，多用好處無限」，就對這些小樹苗慷慨地豎起大拇指吧！

　　課堂上，老師應該要有「願意賞識」學生的心，真心看待孩子每一個「從無到有」的轉變，多從小處著手鼓勵。課堂上常常找小處具體地誇獎，或派任一些簡單易做的小公差，從中獲得成就感，不用幾次，就可以徹底收服大哥大姐的心。

　　「大哥大」和「大姐頭」一旦被收服了，底下的小弟小妹也會看風向，所以，各據山頭的角頭們全部歸化，不再集體作亂，從此統一天下，唯老師獨尊。

喜新厭舊，過度浪費

看到還很新的遺失物出現，竟然沒人要領回？
接下來的一天沒筆、沒立可帶、沒橡皮擦該怎麼上課？

新學期一開始，總不時瞄到我的講桌上有小文具，原子筆、自動筆、紅筆……，要不就是立可帶、橡皮擦、直尺等。剛開始我不以為意，認為孩子們難免丟三落四，有時排隊去上科任課，走著走著，東西一路上掉光了自己也沒發現，那些「迷路的文具」就會被善心的同學撿起，放在我的講桌上。固定集中在講桌，這樣做無非是希望讓孩子較容易找回自己的用具。

詭異的是，這些文具的主人不但不來將它們領回去，失物還有越來越多的趨勢，東西多到影響我的桌面，變成「路霸」。

課堂上，忍不住問這些文具到底是誰的，那些迷路的文具看起來都有八、九成新，但是，都沒有人承認。現今的文具不像我們當年念書那樣選擇性少，不但精美，而且款式多、功能多，當然啦，價格也不便宜，看孩子們用過的筆，一支少說 30 元起跳，但是，掉了竟然沒人要領回？

因為失物太多，占據了我的講桌，而且每天都有新的遺失物出現，既然沒人領回，乾脆開放贈送給需要或想要的人。講完這句話，原本以為大家會蜂擁而上搶先爭奪，畢竟物品都還很新。但是，出乎意料之外，孩子們竟然連「瞧一眼」的意願都沒有，全部都好端端地坐在台下。

天啊！怎麼會這樣？換我被嚇到了。

這些文具都還能用很久耶，立可帶還滿滿的，筆墨也都還滿格，橡皮擦幾乎跟新的一樣，我大力「賣膏藥」推薦了老半天，還是沒人要。

我不禁懷疑，難道這些東西都不是我們班丟掉的，是別班丟掉的嗎？這真是奇怪了！這下換我不知道該怎麼辦了。

　　我不斷懷疑今天用具丟了，接下來的一天沒筆、沒立可帶、沒橡皮擦該怎麼上課？難道都私下偷偷借用同學的嗎？

　　我觀察了一陣子，發現孩子們根本不缺文具，好像永遠都有充足的貨源隨時供應給他們。有時下課耳朵伸長一點，還會不小心偷聽到孩子們在炫耀新文具（膠帶、各色原子筆、超卡娃依便條紙等），欣賞者還會面露羨慕眼神，然後就聽到孩子說在哪裡買的，一副「呷好逗相報」的樣子。

　　課堂小文具大概價錢都在 50 元以下，有的甚至 15 元、20 元就有。或許這些錢對父母來說是「小額」，家長頂多念一念又帶孩子去書局買了。要不然就是父母不買帳，多數的孩子也都有自己的零用錢，東西丟了，就拿自己的錢去買，反正之後還會有零用錢進帳，就這樣，繼續丟東西、繼續買新文具，舊的不去新的不來，如此惡性循環下去。

　　對照自己小時候最怕弄丟文具，好不容易存了很久的零用錢，終於可以買自己夢寐以求的文具，一旦疏忽弄丟找不回來，就得自行承擔「沒東西可用」的後果，哪有源源不絕的文具無限供應啊？也是因為如此，養成了自己愛物惜物的習慣，東西不見，一定想盡辦法找回來。

　　對於孩子們這種過度浪費的現象，除了口頭提醒外，我自忖到底還有什麼方法可以徹底改善呢？我又陷入了深思……

我不想讀書，
以後找工作就好

難道進入職場工作後就是爽快人生的開始？
以後就可以享有不虞匱乏的生活嗎？

孩子升上五年級，原本我以為孩子們早應該具備各項生活自理的能力，畢竟在小學校園都已經生活 4 年，同樣的環境，同樣的節奏，同樣的目標，應該早就脫離中低年級的稚嫩行為了吧！應該可以不用老師事事叮嚀、不用老師催促，凡事可以達到「自動化」境界，因為並不是第一天進校園。

但是沒想到，最讓我驚訝不已的是，五年級開學以來，孩子在學校的各項表現，就別提課業使不上心的狀況，外掃區打掃、用完餐後的收拾、上課鐘響該回教室、繳交作業、走廊狂奔、第一節科任課就與任課老師爆發口角衝突等日常生活表現等等，並沒有因為升上五年級而有「增能」的現象，反倒是敷衍了事、漫不經心、坐不安席的學習態度，常令我感到驚訝不已。

孩子們的學習狀態，似乎隨著暑假兩個月的「放空」，腦袋也跟著「放空」。我常常懷疑自己是否仍處在前一屆畢業生良好的學習氛圍中，以致於不小心地將與他們差兩歲的上下屆孩子比較一番，因為落差太大導致自己的失望。但我不免又想，雖說每屆班級因為組成分子不同而造成班風不同，但前兩屆班級營造出來的讀書風氣之盛，從沒像現在這樣萎靡不振，相隔一屆的程度竟然差這麼多，這讓我覺得挫敗不已，遭受到很大的

打擊。

難道一定要隨時提醒自己想起，這就是「籤王班」的標準配備嗎？

有一次在課堂上，又看到無論如何勸說都無法改掉那「強烈抗拒學習」的堅定態度，因為堅守「一個都不能少」的理念，現實的殘酷令我欲振乏力，面對這種怠惰的劣根性，實在忍不住脫口說出重話：

「你們再不好好認真上課，老師就要調校了！」有這麼用心的老師還不知珍惜，我投降調走好了，哼！

「老師，我們錯了，別調走啦！別這樣啦！我們會改進的，請再給我們一次機會，拜託拜託。」

不知道是哪根筋出問題，我竟然好傻、好天真地以為孩子會這樣回答我。

「好啊！好啊！老師，你趕快調走好了。」底下的孩子一邊說，還一邊揮手示意，叫我快點滾一邊去。

為什麼記得這麼清楚？因為當下我整顆心迸裂開來，痛啊！孩子的口舌之快傷透了我的心。

「擺臉色給老師看」的學生

我觀察到，有些孩子在課堂上的表現不甚理想，上課總是東張西望或趴在桌上，對學習是興味索然，甚至強烈排斥，來學校好像只是為了當「三等學生」：等下課、等吃飯、等放學。無論我怎麼好言規勸就是提不起勁，再容老師多說一句，孩子就立刻「擺臉色」給我看。好像課堂上的一切學習都與他們無關，他們就像是課堂上的「犯人」，教室像「監牢」，老師像「獄卒」，他們是被迫囚禁在教室裡。

對於「擺臉色」給老師看這件事，我一直很不能釋懷。

教書這麼多年，我是第一次遇到這種學生，而且竟然還不只一位。我從不用激進的話語和孩子說話，也未曾在課堂上對他們咆哮，總是以溝通代替責備，以鼓勵增強信心。才剛開學，老師的底細都還沒摸清楚，孩子

竟然敢用這麼放肆無禮的態度對待教育他們的老師，五年級才剛開學就如此，那六年級呢？升國中後呢？出社會工作後呢？我簡直不敢想像……

對於孩子「擺臉色給老師看」的行為，在老師規勸後竟還遭孩子白眼，試著聯繫家長，告訴家長孩子在校的學習態度，順便探探家長對教養的觀點。

家長聽聞平淡地說：「沒辦法，孩子在家就是這個『死樣子』。」

噗！驚！聽到家長的回答，只能說孩子很「表裡一致」，在家對待父母和在校對待老師的態度維持相同的水準。

有的家長聽完會說：「喔！好、好、好！真是不像話，竟然敢對老師這麼無禮，下課回來看我不揍死他才怪。」

唔！我倒吸一口氣，一股寒意從背脊涼了上來，這種回答讓我腦海瞬間閃過家暴 113 的電話號碼。

教學多年，深知影響孩子最深的就是父母，孩子如果沒有獲得良好的家庭教育，就算老師在學校教得多賣力、多用心，多半也是枉然，學校教育的成效很難在孩子身上正常實現。家庭教育一味地講民主、倡自由，卻沒有培養民主和自由背後該有的自律和尊重，濫權的結果是一團亂、目無尊長、長幼無序；打罵的威權教養方式或許可以讓孩子暫時變得順從，但並不能讓孩子變得更懂事，在不得不屈服的威權之下，更多時候只是加深孩子的不滿及叛逆。

有一陣子，我覺得失望，教學辛勞無人肯定就算了，教師對孩子而言，或許覺得是外人，但好歹也算是「長輩」，不看金面看佛面，如果對長輩是如此態度，實在讓我不得不去猜想，孩子會用什麼樣的態度去對待自己的父母與手足，會用什麼樣的態度去對待自己的同學？

我記得有次數學課，課程還未上到一個段落，下課鐘聲卻響了，為了避免中斷未解完的數學習題，我選擇繼續把習題演算完畢才讓孩子下課。

沒想到，演算完畢，一個轉身，我竟然看到有個孩子對我露出一臉猙獰惡面孔，凶狠充血的雙眼直直地死瞪著我，彷彿腎上腺素急速大量分泌而出，他怒火直衝腦門般地緊握雙拳、渾身激動地顫抖著。

無須懷疑我的用詞，千真萬確就是如此。

老師的心也是肉做的，不是鋼鐵人；老師也是人生父母養的，與凡人無異；老師的心也是會受傷的。我們的眼神四目交會後，那孩子確定我接收到他這凶惡的眼神了，但是，他臉上的硝煙戰塵仍未消去，只因我占用到他幾分鐘的下課時間。

如果今天我是因為嚴厲糾正孩子的過錯，拍案怒罵而惹來孩子憤懣的眼神，那還情有可原。但是，不過就是普普通通的數學課解題占用到下課幾分鐘的時間，竟然也能夠引起孩子極大的反感？我懷疑我現在到底是「老師」的身分還是個「什麼都不是」的身分？

當下這孩子怒不可遏的表情嚇到了我，這種「強烈抗拒學習」及「唯我獨尊」的態度讓我極度驚恐，我是戰戰兢兢、驚魂未定，如果孩子手上有大刀，我幾乎可以感受到嗜血之劍已發出錚錚之聲，血腥廝殺一觸即發，而我的腦袋將不保。

「這麼排斥學習？連學都不想學？」或許是覺得老師走過來了，得給老師一個理由，孩子滿臉不耐煩地說出：「我根本不想讀書，反正以後找工作就好了。」他說得一派輕鬆，無關痛癢，不屑的表情加上話語，我聽得三魂掉了兩魂。

唉唉唉，苦嘆三聲。

偏鄉的孩子想要學習卻礙於資源與師資不足，我們這裡雖然「不山不市」，但好歹資源夠用，但是，孩子卻連一丁點兒的學習動力都沒有，還對老師怒目相待、目無尊長，尊師重道的觀念簡直蕩然無存。

希望孩子學習不但要三催四請，每「尊」要是不好生伺候著，「供品」送到嘴前還懶得看、懶得吃，要不是一邊吃一邊嫌，吃相難看，或者吃完不懂感激還罵個兩聲。

有人勸我，人生在世，生命苦短，想通了不過就是饑來餐飯倦來眠，睡到人間飯熟時。

學生不受教、不領情，有所損失的是他自己，老師別把孩子的人生看得太重要。你又不是聖人，「恨鐵不成鋼」的強烈責任感遲早先把自己搞

死。孩子放棄學習，將來出社會人生的挑戰才要開始，自受苦果，千刀萬剮誰見憐！自己內傷無人聞問，學生不感激老師的犧牲奉獻還莫名其妙怨恨老師。自問都一把年紀了，還在台上賣身兼賣老臉，老身我這何苦來哉啊？我這是招誰惹誰啊？

咳！咳！咳！

在教學現場看到孩子浪擲時間、揮霍生命在無意義的事情上，到了畢業，沒有替自己留下可以幫助自己打開人生格局的視野與正確觀念，或者公民素養、挫折容忍力、解決問題、獨立思考、自學、尊重、與人相處的能力等等，更甚者連基礎教育的根都飄浮在空中，找不到安身立命之處，這樣混完國小，真是浪費了人生學習的黃金時期，入寶山空手而回。

要不是課堂上聽到強烈抗拒學習的孩子說出「我不想讀書，以後找工作就好了」，我可能沒辦法想像，原來有這樣想法的孩子竟然這麼多。但是，也就是因為這關鍵的「經典句」出現，我才恍然大悟開學後困擾我多時關於他們「排斥學習」的主因，原來孩子們覺得學習辛苦，想跳過求學階段直接進入職場工作賺錢。

能力比知識重要

難道進入職場工作後就是人生爽快的開始？

吳寶春在他的《柔軟成就不凡：奧林匹克麵包師吳寶春》一書中提到，只有國中學歷的他提到自己小時候不愛念書，國中畢業時，認識不到 500 個字。因家庭經濟問題及強烈排斥讀書，所以 16 歲就出來工作。當麵包學徒時，不知道一斤是十六兩，更不懂麵粉、糖怎麼秤斤秤兩，他這才發現做麵包也要懂數學。原本認為讀書是人生最辛苦的事，怎知當學徒每天工作超過 15 個小時，有許多東西要學習，連放假也睡不安枕，這才知道「當學徒的日子要比念書的辛苦多上 100 倍」。

吳寶春小時候因痛恨讀書，寧願被打、被處罰，也不肯念書。國中畢業時連注音符號ㄅㄆㄇㄈ、九九乘法都不會，就連閱讀一般書報也因為大

字不識幾個而有閱讀上的困難。入社會工作後才發現，因為常聽不懂別人講的話，與周遭的人格格不入。

「我沒有學問，也缺乏知識與常識，就連電視也沒有時間多看。」

他意識到自己與他人的差距，這才發現學習與知識的重要。在當兵期間，他發現部隊裡的大專兵很有學問，經常一書在手享受閱讀，曾經他覺得最不喜歡的事，竟然可以讓大專兵這麼陶醉，他受到了大專兵的誘導及啟發，讓他也突然好想學認字、好想讀書。

因為知道自己的不足，吳寶春想要學習的動機變得非常強烈，當兵兩年，像上了兩年的學校，讀了兩年的書。看書遇到不認識的字馬上請教大專兵，從一開始的舉步維艱，到最後越讀越讀出興味。「我的字彙增加了，常識也逐漸豐富，原本寸步難行的路越走越順，石頭地終於成良田。」

吳寶春從此愛上閱讀，他也發現唯有閱讀及不斷學習才能改變自己的一生。因為做麵包的過程中遇到困難，請教師傅，師傅也不會，要看書學習不但要會識字，還得要有相當的理解能力才行，誰說讀書不重要？沒有基本學力如何帶出未來的自學及創新？吳寶春甚至為了看懂日文麵包書，上補習班學習日文，甚至到日本進修。知識帶給吳寶春力量，也因為強烈的學習動機讓他能在所有比賽中過關斬將，贏得世界冠軍。

對照孩子們現在的想法，難道跳過了求學階段，出社會找工作就再也不用學習了嗎？這實在是大錯特錯的觀念，如果現在不把基礎能力打好，如何擁有自學的能力？別忘了，現在是基礎教育階段，連最基本的加、減、乘、除、聽、說、讀、寫、作你們都還沒學完啊！

大學之門廣開之後，滿街都是大學生，碩博士生的數量激增，但是，頂著碩博士光環的人也有不少失業者，長時間學習的人都不見得找得到想要的工作，那完全不想學習的人呢？

聯合國教科文組織在 1972 年於《學會生存》報告中指出：「在未來的社會，文盲將不是不識字的人，而是那些不懂得學習方法，不會自行更新知識的人。」

「文盲」不再是「不識字」的人，孩子們啊！升上國小五年級，還有一大堆字不認識，更有許多學過了又全部還給老師的字，對於「不識字的人」到底該如何自行更新知識呢？

現今科技讓知識的生產與翻新速度加快、加倍，現在知道的訊息，可能 3-5 年內就完全沒有用處了。需要的資訊立即就可以用 Google 查詢得到，訊息的傳遞瞬間送達，但是，如果連基本的學力底子都沒有，識字有問題、閱讀理解有障礙、英語薄弱、簡單的短文寫不出來、辭不達意、語焉不詳……那還談什麼自行更新、快速吸取訊息的能力？恐怕資訊當前也無能力去蕪存菁，再梳理出新觀念來解決新的問題，資訊越多反而越難以消化。

「能力比知識重要」，這句話沒錯，因為容易在網路上找到現有的知識，而且知識也有可能在幾年後又改變了，像我們小時候學的是 9 大行星，長大後變成 8 大行星；小時候念的台灣原住民是 9 族，長大後變成 14 族，最近又改成 16 族；小時候念的地理名稱，長大後消失不見，念的地理變成歷史；小時候念的歷史，長大後課綱改了，歷史變成故事。

但是，「能力比知識重要」這句話恐怕又為人所誤解，誤認為知識並不重要因而疏忽。縱觀教學現場，許多孩子對學習無感、對知識冷漠，連自己本科的東西也沒興趣，懶得學習，如果教育階段沒習得基本知識，沒有足夠的知識背景作為鷹架，如何發展出新的知識？新知識必須架構在舊有的知識之上，有了舊知識為底，才能觸類旁通、舉一反三，衍生出新的知識來，萬丈高樓平地起，什麼都不知道，如何談能力？解決問題、獨立思考、自學的能力從何而來？放棄基本知識的學習，其實也等同於弱化了興趣與專長的發展。

吳寶春的專長是做麵包，要成為一流的世界級大師，除了基本知識，還需要提升藝術與人文品味涵養的知識，需要廣泛的閱讀才能提升自己的境界。有了基本知識才有能力去追求自己的興趣與專業，以基礎知識為鷹架，孩子的興趣與專長才能更上一層樓。

未來的世界將遭遇到什麼困難，現在都很難想像，新病種的出現、石油枯竭、溫室效應、人口問題等，這些問題需要運用深厚廣泛的背景知識才有可能找到解決的辦法，就算是 Google 可能也無法告訴我們答案。

　　會説出「我不想讀書，以後找工作就好了。」在這句話的背後該深思的是，孩子因為年紀小，視野狹窄，再加上沒有廣泛的閱讀，以致於無法從書中獲取前人篳路藍縷開創事業的經驗，孩子們沒有足夠的經驗可以想像未來長大後的工作狀況將變得如何？他們只知道父母的工作每個月會有薪水入帳，孩子知道有薪水代表可以養活自己，但他們不知道工作不是想要就會「從天上掉下來」，找到的工作的薪水不一定是令人滿意的，找到的工作不一定是適合自己，不一定就能讓自己一展抱負，從此一帆風順。

一切取得太容易

　　在少子化的年代，大部分的孩子都可以得到良好的照顧，除了有愛他們的父母，也有愛他們的阿公阿嬤，過著衣食無缺的生活。但他們可曾想過，能夠這樣安安穩穩、無憂無慮地過生活，靠的是他們的父母年輕時胼手胝足開墾出這一大片土地，孩子享受的是父母大半輩子努力來的成果。父母即便賺得少，一樣想給孩子最好的生活，窮不能窮孩子，苦不能苦孩子。但是，孩子們哪裡會知道？他們出生後就過著不用煩惱的生活，當然也就理所當然地以為「我長大以後也會是這樣」。

　　少了過去家中食指浩繁的壓力，現下的家庭環境普遍不差，家給民足，家裡擁有許多 3C 產品，人手一支手機、平板、IPAD 等，孩子們吃的、用的、穿的幾乎與流行零時差。大人們平日忙於工作，週末就會好好犒賞自己放鬆一下，在網路媒體資訊流通快速又便利的推波助瀾之下，哪裡有好吃、好玩的資訊，滑滑手機幾秒鐘便能搜尋到，父母就立刻出動全家帶去「打卡」，吃喝玩樂享受一番後還不忘在臉書上「廣告」一下。

　　雖説申請臉書的使用權有限定年齡，但上有政策，下有對策，每個孩子都有臉書，端坐家中滑滑手機，就可以透過臉書看到他人物質豐腴的生

活動態。即便自己已經過得衣暖飽食而十分豐裕，臉書上卻還可以看到他人「更高級」的享受，因而埋天怨地，怨嘆自己的父母不買更流行的電玩，不能帶出國玩，不夠有能力提供自己和別人一樣美好的生活。

想起自己小時候那個沒有電腦、沒有網路的年代，最多知道左鄰右舍的生活，大家日子過得差不多，沒有什麼好比較、好羨慕，只要放學有同伴一起遊玩就很開心了。在物質豐足的今天，孩子過著比我們的過去更好的生活，但是「一山還有一山高」的情況反而讓孩子多了「比較」的機會，非但沒有感激父母無上限的供應，反而胃口相對被養大，珍惜物力與感恩當下的觀念越來越淡薄。

此外，電視機一打開，無論是偶像劇還是鄉土劇，每個連續劇裡隨便一個主角都是坐擁大公司的董事長或總經理，坐擁豪宅、身穿名牌腳踩好鞋、開名車、喝好酒、享美食。孩子看了之後，可能一廂情願地以為將來長大後也會過著如此美好的生活。

與學習這件事相較起來，看似工作賺了錢後的日子比較快樂，因為有錢就可以享樂，這是單純孩子眼中看到的世界。但是，躺著輕鬆過日子，以後就可以享有這樣不虞匱乏的生活嗎？

遲早有一天，孩子會長大，要靠自己的能力賺錢謀生。要當大人的條件，首先要能靠自己的本事賺錢養活自己。如果只能當「啃老族」，那就不算是真正的長大成人。想要享樂，得先替自己找份工作才會有收入，三餐不繼何以實現理想？何以追求人生？想要找到適合自己的工作，得先要有相當的背景條件，再加上天時、地利、人和；要有好的背景條件，得要有知識、能力、良好的人生態度；有了這些才可能帶出更多的閱讀力、學習力、創造力、自學力、生存力等。

人不學不知義

知識、能力及良好的人生態度該如何取得？這就是受教育的目的了。

如果連最基本的能力都不具備，兩手空空，腦袋空空，要刀沒刀，要

槍沒槍，難道要赤手空拳打天下嗎？別忘了，出社會後才是人生挑戰的開始。古人說：「玉不琢不成器，人不學不知義」，人不經過學習，就不會明白做人處事的正道，不能分辨事情的義理。學習當然要趁早，不管是位在哪個教育階段，都應該要確保擁有基本學力，將來要深入更專精的領域，仍須以深厚扎實的基礎才能成就更高遠的視野。人必須接受學習與考驗，方能成材，念終始典於學。

清大榮譽教授李家同在教育部舉行國教學生學習精進論壇中表示：「小學基本學力缺乏品質管制，致年級愈大、落後愈多、愈難補救」、「等國中畢業才補救已來不及」。曾與在國中任教的朋友聊到小學生的學習情況，他大嘆：「原來就是小學沒好好念書，難怪我們都教得很辛苦。」學習好比搭鷹架，穩固扎實地搭建才能讓後面步步踩穩，學習無法速成，唯有腳踏實地罷了。

吳寶春在《柔軟成就不凡：奧林匹克麵包師吳寶春》一書中寫到：「沒有人告訴我，讀了書能做什麼。」吳寶春求學的年代是如此，我自己在求學時也曾有過相同的迷惘，沒想到自己當了老師，我的學生竟然還是一樣走在我們過去的老路上。

如果不學習，那來學校能做什麼？

孩子們難道不知道要讀書嗎？

知道。因為從家長及老師的殷殷企盼中他們知道要讀書，他們也從課本中習得為人子女要孝順父母，身為學生要尊師重道，與同學要互助合作、友愛同學、虛心學習等。但是，有多少人真真切切、腳踏實地身體力行？放眼望去，當今「孝子、孝女」都是家長在當，談讀書、論孝順、倡合作已是個摸不著邊際的空泛言論，像無感的口號喊喊罷了。

雖然學習這件事從來都不是「缺乏時間」，而是「缺乏努力、缺乏熱情」的問題，人生漫漫長路，即便走錯路，迷了路，都是一條路，長大後再加倍努力急起直追，一樣可以闖蕩出自己想要的人生，社會上不是很多了不起的大人物都曾有過荒誕不經的慘綠童年？甚至連一張漂亮的學歷成績單也沒有？

但是，身為教師的我，師者，所以傳道、授業、解惑也，總不能眼睜睜地看著孩子揮霍青春、蹉跎光陰，賭上自己的人生，等長大後再來親身體會「少壯不努力，老大徒傷悲」、「樹欲靜而風不止，子欲養而親不待」的現實殘酷教訓吧！

相信深愛孩子的父母，也會希望孩子一開始就有虛心學習的良好態度，有著端正的品格，蓄積實力，將來擁有自己的人生選擇權，有能力選擇自己所愛的、所要的，已故的蘋果電腦創辦人賈伯斯（Steve Jobs）曾說：「人的出身並不重要，你拿時間來做什麼才重要。」告訴孩子擁有正確的學習態度及把握光陰才是刻不容緩的事。

在科技發達、網路流通便利、各項知識快速累積及翻新的年代，完成十二年國民義務教育，或是完成大學階段所學的知識與能力，可能都不足以充分因應未來瞬息萬變的生活需求。因此，喚回孩子對學習的熱忱，啟發並培養孩子終身學習的能力，以適應未來生涯的需求才是當務之急。

英國學者暨作家蓋‧柯雷克斯頓（Guy Claxton）提出：「教育的主要目的是為了年輕人離開學校後的生活，幫助他們建立心理上、情感上、社會上，以及資源上的基礎，能享受挑戰並面對不確定性與複雜性。」

孩子們難道不知道要認真求學嗎？這恐怕不是知不知道的問題，而是無法想像若是嚴重匱乏時將會變得如何？學習的辛苦或痛苦都只是暫時的，而也是因為要突破自我，還未學會任何知識、能力、技能、品德的痛苦才是終生的。不具有獨立思考的能力、自主學習的能力、解決問題的能力，不具有自主意識的跟隨者，就算出了社會後還是不知道自己能做什麼，難道這是我們要的下一代嗎？

想要知道自己未來出了社會後，還能做什麼？就趁現在身體力行，看看自己未來想過什麼樣的生活。

PART 2

未來
想過的生活

這堂課，
我想教會孩子的事

我對教學一向充滿熱情，總是花很多時間去思考該如何呈現課程，如何可以讓孩子在最短的時間理解，能夠學得扎實也學得快樂。雖然思考這些課程花掉我非常多的時間，但卻樂此不疲。我常常在睡夢中夢見白天沒有想出來的教學，有時半夜醒過來都會覺得不可思議：「不會吧！竟然連作夢都還在想教學的事」，這算不算走火入魔啊？

只是，遇到新接的這一班，我發現光有教師專業、光有創意的教學，若孩子打從心裡排斥學習，在課堂上發願當個「又聾又啞又盲」的孩子，你還真不能拿他怎麼辦。有時候課程設計得再好，學生受到吸引專注於這一節課，下一節換上數學課，需要運用及整合一到四年級的數學能力，一下子卡住了，不好玩了，大家又恢復那意興闌珊的樣子。如果孩子沒有真切感受到這些學習對他們未來是有用的，他們只會希望時間過快一點，快點下課。如果學生不知道為什麼要學習，學這些要做什麼，缺乏學習動機，就算我給得再多、課堂講得再精彩也是枉然。

我想孩子應該沒留意過新聞報導，現在失業率那麼高，許多人碩博士畢了業找不到好工作，花那麼長時間學習的人都不容易找到適合的工作，那「又聾又啞又盲」完全不想學習的人呢？除了沒累積足夠的基礎知識外，還有沒有其他「超能力」？

當孩子對我說出：「我不想讀書，以後找工作就好了。」既然如此，就來實際演練一下，看看未來想過什麼生活，自己究竟有多少「生存力」？

我想教會孩子的事

找回學習動機	學習，是為了將來出社會而做準備； 學習，是為了將來能在社會上生存。

閱報能力

1. 能查詢就業市場資訊（職缺）。
2. 能理解在閱報過程中所觀察到的訊息。
3. 能辨識報紙常見的職業類別（例如：餐飲旅遊類、業務客服門市類）。
4. 能理解徵才廣告並快速抓取想要的訊息（例如：工作內容、時間、地點）。
5. 學習資料剪輯、分析歸納和整理能力。

建立找工作雷達

1. 了解工作對個人的意義。
2. 了解自己的興趣、性向、價值觀及人格特質，尋找適合自己的工作。
3. 能連結工作目的與個人生活（例如：獲得報酬、獨立滿足生活需要等）。
4. 能了解求職的管道（報紙、網路等）。
5. 從報紙上認識不同類型的工作內容。
6. 能辨識工作環境之差異（例如：日／夜班、內／外勤等）。
7. 能辨識各種工作資訊中可能潛藏的求職陷阱（詐騙、特殊行業）。
8. 了解自己有權決定自我發展，並且可能突破傳統風俗或社會制度的期待與限制。
9. 培養規劃生涯的能力。

撰寫履歷表

1. 認識自己的長處及優點。
2. 能擬定適用於求職動機的自我介紹內容。
3. 能正確流暢的遣詞造句、安排段落，寫成一小自傳。

心有靈犀 一點通	1 能組成小組，推派主持人，共同討論，交換心得。 2 能依據平日相處的觀察，推測同學未來適合的工作。 3 他人與自己意見不同時，仍能理性溝通。 4 能從資料中培養分析歸納能力，學會畫心智圖。 5 透過集體創作方式，完成與他人合作的藝術作品。 6 探索各種不同的藝術創作方式，表現創作的想像力。 7 觀賞藝術作品時，能表現應有的禮貌與態度。
我想買房 買車、生 養小孩與 三餐花費	1 認識房子的建坪、格局、車位，汽車車款、排氣量、 　總價格等。 2 了解實際生活中房產、車子、生養孩子、吃的費用開 　銷。 3 能察覺數學可以用來解決生活中的問題。 4 了解分期付款是購買商品的一種付款方式。 5 能在具體情境中，對大數在指定位數取概數（含四捨 　五入法），並做加除之估算。 6 能運用整數的四則混合運算，解決生活中的開銷問 　題。 7 能用計算機處理大數目或大量數字的計算。
算出一 個月基本 開銷	1 培養理財規劃能力。 2 學習如何解決財務問題及做決定。 3 分辨「需要」與「想要」的不同。 4 學會不受商品外觀與廣告的影響去購買商品。 5 能透過正確的選擇，以有效使用金錢。 6 在有限金錢的來源下，列出所需物品的先後順序。 7 知道人們有時會從事超過他們能力負擔的消費行為。 8 針對自己在日常生活中的各項消費，並進行價值判斷 　和選擇。 9 了解父母賺錢不容易，培養節儉力行的態度。
作文我沒 想到的事	1 能知道寫作的步驟，逐步豐富內容，進行寫作。 2 能了解標點符號的功能，並適當使用於寫作中。 3 能培養觀察與思考的寫作習慣。 4 能正確流暢地遣詞造句、安排段落並組織成文。 5 能理解簡單的修辭技巧，並練習應用在實際寫作中。

未來想過的生活

設計理念	激發學習的動機與好奇心。 學習結合生活，連結未來。
實施年段及時間	五年級開學後的第二個月（建議開學就做）
授課時間	大約 7 節（可視教學階段、時間等自行彈性調整）
授課科目	閱讀課 2 節（閱報找工作）、綜合課 1 節（心有靈犀一點通）、國語課 2 節（履歷表、作文）、數學課 2 節（買房買車、基本開銷）。 （可視教學階段、時間等自行彈性調整）
課堂作業	6 張學習單
作文一篇	我沒想到的事
報紙來源	美容院、有供報給消費者的商店（舊報紙）， 各大便利商店皆有提供求職、房產報紙。 （第一份免費贈閱，每人限取 1 份，第二份收費 10-50 元）
汽車資訊來源	上網搜集新、舊汽車資料，製作列印成 A4 供學生選擇。
機車資訊來源	至機車行索取機車傳單（機車傳單比汽車傳單容易取得），無法取得時也可上網搜尋。

五年級 ▶	7節 ▶	6張學習單 +1 篇作文

求職
- 1 閱報找工作
- 2 履歷表

▼

預測
- 3 心有靈犀一點通
- 4 歸納整理並畫成心智圖

▼

開銷
- 5 買房、買汽機車、生小孩費用估算
- 6 加總金額,算出一個月的基本開銷

▼

延伸
- 7 作文:〈我沒想到的事〉

教學活動架構

閱報找工作

孩子課堂上不經意的一句話「我不想讀書，以後找工作就好了」的聲音不時迴盪在我耳邊。對於「遇到問題就要解決」的我來說，是可忍孰不可忍，我開始著手設計我的改造大計劃，再不來個大改革，我的教學熱情聚光燈就快要昏滅了。

由於自己在班上推廣閱讀，通常閱讀的材料都是繪本、故事書、名人傳記、小說，或者是《國語日報》、《人間福報》，一直想要來點不一樣的內容，報紙的徵才廣告真是一個很特別、前所未見的閱讀材料，於是，我告訴孩子我們要來「閱報」！

為什麼要在課堂上找工作？

我明白告訴他們，因為孩子的一句話「我不想讀書，以後找工作就好了」讓我有了這樣的念頭。小學是初階的求學的階段，開始教授基本知識，很多大人都會要求小孩要有夢想，為自己設計美好的人生藍圖。人生有夢是美好的，那是一個會鞭策自己努力向前的目標。

但是，光有「作夢」的本事，也要有「能力」得以實踐，否則只會成為遙不可及的「空想」，甚至誤導了孩子的想法。我曾聽過一位對學習非常排斥的孩子說出：「我長大要當醫生」，問他為什麼會這麼想？他說：「媽媽要我當醫生，因為醫生可以賺很多錢」，然後這個大字不識幾個、寫功課就像是要他的命的孩子，也天真以為「我長大後就是會當醫生」。

有很多小孩在小時候被發掘出是某一科的「天才人物」，但好像很少有人繼續追蹤，這些從幼兒時期展現出強大天賦的天才小孩，後來都到哪裡去了？有哪幾個是你我所熟知的？有哪幾個名字是大家現在還記得的？

光有天賦沒有用，是天才又如何，人生是 99 分的努力，與 1 分的天賦。沒有持續性的努力，夢想不能當飯吃。作夢是簡單的，問題是你有多少能力與毅力可以堅持到最後？

　　我清楚地告訴孩子們這就是「真人實境大體驗」，現在的大人們除了透過網路找工作，就是從報紙找工作，老師提早讓他們見見世面，認識社會上有什麼工作？哪些工作適合自己？能不能找到工作？

為什麼不使用網路人力銀行找工作？

　　「未來想過的生活」在網路上瘋傳後，有網友問為何不找找網路人力銀行的工作，還在用這麼落伍的方式找工作？

　　用什麼方式找工作皆可，只要能配合教師的教學目標，適合教學階段（國小、國中、高中、大學）及教學現場設備齊全即可。對於教學階段越高的孩子，電腦能力較佳，就可考慮使用網路找工作。

　　如果是大學生，建議提早去逛一下人力銀行，看清現實，你能找到的工作薪資其實沒有你想像中的高，就算是碩博士畢業的起薪也不過三、四萬元（能力佳則另當別論），薪水還得看是居住在哪裡才能決定夠不夠用，同樣是 40000 萬元薪資，住在都市或鄉下的生活品質就大不同。

　　礙於我們教室電腦設備不足，無法一人一台，且網路人力銀行的頁面對於 10 歲小學生來說，有操作及閱讀理解上的困難度，再加上網路人力銀行有專人管理，一些「求職陷阱」、「特殊行業」、「假求職真詐騙」的問題職缺全被過濾掉。

　　雖然網路人力銀行興起，但目前各大報仍舊有提供紙本的求職訊息，不只好幾家供應，內容還編排得非常精美，可見社會大眾仍有需求，否則早就被市場淘汰了。再過幾年，等孩子國高中畢業後的確有可能是靠報紙找工作（打工），所以提早教會孩子辨識「有問題的職缺」，避免誤入賊船也是我的教學目標之一。

還有一點，報紙的職缺比較「大眾化」，普遍「不限學經歷」，只要願意做，通常都能勝任（維修及技術性工作除外）。但是，網路上的徵才可以找到專業度高，薪資很高的工作，如醫生、教授、管理階級等。我的教學目標是要讓孩子知道在「沒有任何學經歷」時，能找的工作就是報紙上這種較「大眾化」、「無經驗可」或比較偏向「勞力」的工作。如果一開始開放孩子上網路人力銀行找工作，孩子簡簡單單找到了高薪工作，這份學習單就無法呈現反差效果，甚至，孩子會誤以為高薪工作輕輕鬆鬆就可以入手。

此外，報紙的好處是，一攤開所有職缺一目了然，不滿意再換一張，方便比較又可以畫重點，有問題可以馬上發問或討論，老師還可以適時引導孩子思考，解決問題即時又便利，更可以當眾機會教育。

一定要看報紙才能填這份學習單嗎？

除了學習階段較高，或資訊設備齊全的學習者在老師的引導下可考慮使用網路人力銀行外，其餘使用這份學習單的人就一定得搭配報紙。如果不看報紙，那工作從何而來？

如果職缺開放孩子「自由想像」，很多孩子便因而寫出父母或社會上高度期待的工作，如醫生、老師、教授等，或寫出自己的夢想，如林書豪、周杰倫，然後接著寫醫生月入十幾、二十萬元，甚至更高，球星年薪千萬，歌星年薪破億。

如果每個孩子輕輕鬆鬆就月入十幾、二十萬元，甚至百萬元、千萬元，他們還能發現自己的不足嗎？還知道人生需要努力嗎？如果工作都開放自由想像的填寫，這份學習單就會變成我們小時候寫的作文「我的志願」，每個人都有崇高無比但難以實現的志願。

還有，有些工作是需要通過「國家合格考試」的認定，如醫生、法官、律師、警察、老師、公職、建築師等，或需要相當的「學經歷」背景，如導演、工程師、財稅金融、主編、高階管理等，這些工作需要特定

的職業知識與技能，需要高度專業，這些「有條件限制」的工作是不可能在「沒有任何學經歷」的情況下就可以勝任。所以，如果自由開放孩子填寫職業，老師便要有高度的智慧去收尾。

不管教學怎麼設計，都要非常清楚且了解教學目標是什麼？這堂課是設定孩子在「沒有任何學經歷」時，可以找到較「大眾化」的工作，那些需要經過「國家合格考試」，需具備「學經歷」才能錄用的工作，全部不在這份學習單的討論內容中。

小朋友閱報找工作的情形

為什麼學習單要在教室操作？

在教室操作的最大用意是教師可以及時解決孩子遇到的問題，孩子在老師的引導下會認真尋找他想要的工作。

由於這份學習單前所未見，孩子在求職及書寫的過程中，會遇到許多問題（如詞彙或理解問題等），教師必須立即解決孩子的疑問。A孩子的問題同時也可能是B或C孩子的問題，當孩子拋出問題時，大家可以一起思考、討論與發表。

如果變成回家作業，孩子遇到困難無法立刻解決，草草結束，教師隔天收作業，零零散散交不齊，不但效率大打折扣，還會影響後面學習單的進展；或者

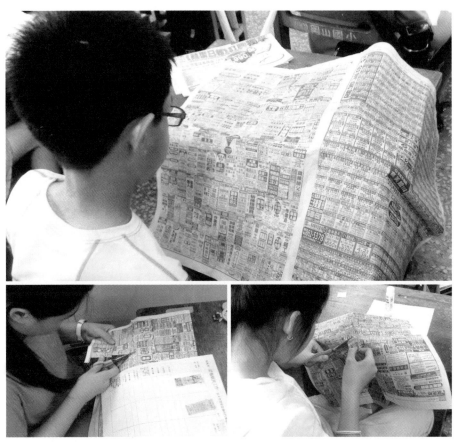

小朋友閱報找工作的情形

孩子找的工作有可能受到家長或安親班老師的影響，孩子待在安親班的時間有限，在回家之前必須完成全部作業，安親班老師才能對家長有所交代，在時間緊迫下還要寫其他複習的測驗卷，難保不會插手孩子的作業。甚至，爸媽要是看到孩子找了他們不滿意的工作，一定會關心，出手左右孩子的決定，甚至強勢主導幫孩子決定要找的工作，孩子喪失了思考機會，阻斷了學習，可惜！

　　工作一定要在孩子比較評估多項職缺後，經過篩選，發自內心真正想要的，這份學習單才會有意義，因為沒有人會在乎「別人要你做的工作」。

此外，在班級共寫學習單，報紙不但可以共用，互相討論、發表看法，看完後彼此交換使用，找不到想要的工作，一張換一張，換到滿意為止，物盡其用。回到家後，報紙量不足，受限職缺不足，可能找不到自己想要的工作，勉為其難亂選一通，只為應付老師而寫出的作業，這樣的學習單就算寫出來了，毫無成效可言。

為什麼多數人長大後都需要工作？

小時候因為年紀小，沒有獨立的能力，所以仰賴父母賺錢養活我們。但是，長大後，就必須靠自己的能力找工作賺錢。工作除了獲得報酬，滿足生活所需，還能展現自己的才能與實現自我的理想。

因為「找工作」這學習前所未見，發下報紙後，孩子的專注力大大提升，現在學會了找工作，馬上可以用在自己的身上，學習內容與未來的生活結合，孩子們都很關心自己可以找到什麼工作？薪水多少？

孩子等待「找工作」的到來猶如辰勾盼月，望眼欲穿，發下「從報紙找工作」的學習單後，大家一臉興奮的模樣，每個孩子莫不摩拳擦掌、躍躍欲試。

找工作前應具備什麼認知？

許多孩子找工作的第一件事就是「看薪水」，錢多立刻中選，做什麼不重要。班上一名溫柔的女孩找了「聯結車司機」的工作，她對駕駛聯結車毫無興趣，但為什麼還選？她告訴我「因為薪水比較高」（其實也沒高多少）。許多孩子找工作是先看薪水，管他是什麼工作？不喜歡、沒興趣都無妨，只要錢多。

我請孩子思考一件事，工作對大人來說是長期性的存在，有人一項工作一做二、三十年，也有做不到一個月就走人。每天必須與工作為伍 8 小時（甚至更多），工作占了人生的 1/3（或更多），如果選了一個只是比

別的薪水高一點，但是完全不喜歡也沒興趣的工作，這樣的日子應該會很痛苦。

因為孩子們才 10 歲、11 歲，講太高深的理論不大能有深刻的體會，因此我請所有孩子閉上眼睛，在心裡默想兩個人，先想一個心目中「最喜歡、最好相處的人」，想好後將這個人握在右手心；再想一個「最討厭、最難相處的人」，再將這個人握在左手心。手中的兩名人選只有自己清楚，基於尊重，不可以把答案說出來。

接著老師請孩子思考，如果工作就像你手上的其中一人，你希望跟一個「最喜歡、最好相處的人」長時間共度但薪水少一點，還是跟「最討厭、最難相處的人」綁在一起但薪水多一點？

要記住，要綁在一起很多年喔！

心裡有兩名人選後，孩子就容易選擇了。我請孩子思考後舉手告訴我答案，95％以上的孩子選擇了「最喜歡、最好相處的人」，但薪水少一點的選項，只有兩個人選擇「最討厭、最難相處的人」，但薪水多一點的選項。

選擇工作沒有絕對的標準答案，認定工作的好壞也非三言兩語可以說得明白，要求孩子一定要按照老師的想法也不是我的教學目的，我拋出問題，希望孩子能深度思考，每個人的金錢觀通常受到家庭、社會、媒體或其他未知因素的影響。

有人覺得 20000 元很多，但也有人覺得 20000 元到五星級飯店吃一頓都不夠。有人對金錢錙銖必較、一毛不拔；也有人視金錢為糞土、身外之物，最重要的是要告訴孩子，選擇工作不能只從「單一條件」來取捨。

選擇工作前應該先想想自己的個性、興趣和專長各是什麼？有的人個性外向、活潑好動，愛冒險，愛挑戰，喜歡戶外，這種個性適合外勤，坐在辦公室對他來說可能太無趣。有的人個性安靜沉默，不喜歡與人高度互動，喜歡靜態休閒，在外面跑來跑去的工作可能就不適合。

如果工作能符合自己的個性、興趣、專長，在職場上也比較容易有表現和發揮的機會，只有喜歡、適合自己的工作，才會願意投注大量心力在

工作崗位上，只要能在工作中培養經驗，並持續不斷地進修，充實自己，將來待遇與地位都會有提升的機會。所以，求職宜多方比較，找到最喜歡、最適合自己的工作才能做得長久。

如何找到求職報紙？

我們班的報紙來源，讓我想起常去的美容院，店家天天供應顧客報紙，將舊報紙堆疊在洗衣機旁，累積到一定的量時才會載去回收。所以，我開車去搬了一大堆回來，放滿副駕駛座。因為要讓孩子找工作及買房子，求職及房產訊息一定要多，多到讓孩子沒有機會對我說：「老師，都是你報紙太少了，害我沒有找到想要的工作及房子。」所以感謝高雄市湖內區如燕美容院提供的報紙，無限量供應，要多少有多少！

考量在這年代，網路資料流通快速，許多人的家裡早已不訂報，所以如果請孩子自己帶來，家長勢必要花錢購買，但一份報紙的內容絕對不足夠，選擇性大為降低，如果受限材料不足而沒有找到真正想要的工作，孩子勉為其難接受，這份學習單就沒什麼意義了，因為沒有人會在乎不想要的工作。

還有，許多用餐地點如早餐店、飯館等，只要有提供顧客報紙的餐廳或場所，通常都有累積相當的舊報紙量，若有需要詢問一下應該會有收穫。

此外，除了報紙內提供的求職及房產資訊外，其實各大便利超商皆有提供免費的求職及房產報紙可供民眾索取，如小兵立大功、求職便利通、南方就業情報、房產便利通等等（見右圖），都是第一份免費贈閱，每人限取一份，第二份開始就要收費 10-50 元。這些求職報紙分類做得整齊劃一、一目了然，甚至有些還是「全彩報紙」。不過，免費贈閱的報紙也不是無限量供應，每日供應有限，拿完就沒有了。

求職報紙

看不懂求職訊息，怎麼辦？

報紙的職缺受限版面小，文字得精簡洗練，只給重點訊息，例如：誠徵、正職、兼職、臨時工、工讀生、學徒、週薪、時薪、面議、薪另議、外場、內場、作業員、房仲、徵信、山貓司機、粗工、電話行銷專員、電訪員、看護、客服、理貨人員、照顧服務員、倉儲人員、打石工、浪板師傅、業務員、接料工、拆模工、房務人員、水電配線配管、園藝師傅、雜工、技工、抓漏、保全、會計、推拿師、優質小姐、桌邊女服務員、聊天人員、茶舞人員、檳榔熟手、芳療師……

「沒有一項看得懂，這些是做什麼的？」原本急速升高的腎上腺素、超期待找工作的孩子們在閱完報後，各個的臉都綠了！每個工作訊息都短短兩、三個字，但是，沒有一項看得懂。

「不是每個字都學過嗎？怎麼看不懂呢？」看到他們的愁眉苦臉，我假好心地問。

「每個字都學過，可是……組合起來是什麼啊？看不懂耶！」孩子遇到嚴重的閱讀障礙。

「唉呀呀！那這樣以後怎麼找工作呢？糟糕了！」我假裝擔心地說。

「很認真看，有看沒有懂啊……」孩子面有難色。

「這麼難喔！怎麼辦？」孩子緊張地皺起眉頭。

「那這樣以後會失業耶！沒有薪水怎麼養活自己？怎麼交男女朋友啊？你爸媽會願意讓你當『啃老族』嗎？」老師拋出一連串問題。

聽到老師這麼說，孩子大吃一驚，各各面面相覷。

不是不想讀書要找工作嗎？不找還好，一找不得了，沒有一個詞語看得懂，連第一步都踏不出去。

這堂課，大家為了不想「失業」，每個孩子精神抖擻，求知若渴，學習動機超級強大，每個人都很想知道這些詞語是什麼意思。

其實，求職沒那麼困難，只要歸納分析一下就會發現，求職就那麼幾組專業術語，以下一組一組介紹：

1. 工作形式：正職、兼職、臨時工、工讀生、學徒。
2. 薪資發放：時薪、週薪、月薪。
3. 工作範圍：內場、外場、內勤、外勤。
4. 上班時間：早班、中班、晚班。

這幾組詞語老師只要稍加解釋一下，孩子很快就懂了。剩下的，就是搞懂職務的名稱。

職缺已「分門別類」排列好了

有興趣嘗試操作學習單的老師或家長，前面已有介紹各大便利商店可免費取得各種求職報，其中這份「求職便利通」的求職報，它的優點是不管依「職業類別」或是「區域性」分類，都會以「顏色」區分，同類型的分類印刷成相同顏色並排版在一起，是所有職缺報中最漂亮（全報皆彩色）、最整齊，分類最清楚的報紙。不過這種免費報紙也不是無限量供應，一天就幾份，拿完就沒了。

不論是哪家報紙的求職報，仔細看求職版，會發現報紙大約分成兩種類型。一種是依「區域性」分類，將幾個相連區域的職缺都排列在相同版

面。例如：高雄的職缺有的報紙會分成「北高雄」及「南高雄」，區域劃分清楚明瞭，方便在地求職者查詢。

另一種是依「職業類別」分類，將工作性質相近的職類擺在同一版面。例如：想找「炒菜師傅」、「廚房助手」、「便當外送人員」這種工作的人，就找「餐飲旅遊類」的版面，這裡多的是與廚房相關的工作。想找「安親班老師」、「幼教老師」的工作，就找「學術教育輔導類」的版面。想找「配送司機」、「聯結車司機」、「山貓司機」的工作，就找「資材運輸類」的版面。想找清潔人員、管家、到府服務保母的工作，就找「家事服務類」。

找工作時，先從「職業類別」或「區域性」選定出大方向，再去細看職缺，就會較快找到符合自己想要的工作。若是以「區域性」的職缺劃分來找工作，因為所有職缺都混雜擺在一起，沒有明顯的職業分類，加上報紙大多都是黑白印刷沒有色彩，就得一個、一個仔細看，找工作就會比較辛苦一點。除了「職業類別」及「區域性」分類外，也會有「綜合求才」版，不分區域、職類全部擺一起，那就考驗求職者的眼力及耐心了。

報紙的職缺大致上分為這幾類：餐飲旅遊類、營建製圖類、美髮理容類、業務客服門市類、生產製造作業員類、操作技術維修類、家事服務類、製造類、軍警保全管理員類、醫療服務類、學術教育輔導類、財會金融專業類、資材運輸類、休閒娛樂類等等。

先引導孩子看這些大類的標題，讓孩子知道報紙已將性質相同的職業歸為一類，再依興趣去選擇想找哪一類的工作。這時，孩子手上發到的報紙有可能集中在同一類，建議孩子們之間可將報紙交換看，求職的報紙量一定要夠多才能找到喜歡、適合的工作。

班上就有個溫柔的女孩發到「資材運輸類」的版面，所以她找了「聯結車司機」，嚇了我一大跳，我問了她對聯結車有興趣嗎？她說「沒有」，我建議她再多看看、多找找，她和同學交換報紙看，最後找到「病患照顧員」的工作，她很滿意，因為她「喜歡照顧人」，而且在她媽媽告訴她這工作很辛苦後選擇依然不變，而媽媽也尊重她的選擇。

求職報紙上會出現的職業類別及職務名稱

職業類別	職務名稱
操作技術維修類	鐵工師傅、粗工、鷹架工、空調配管、水電工、不鏽鋼門窗、輕鋼架、浪板師傅、冷凍工程技師、電焊師傅、冷氣安裝員、打石工、沖床技工、模版師傅、防水施工人員、鐵厝師傅、泥水師傅、資源回收、學徒
軍警保全管理員類	工廠、大樓管理員、保全員、醫院駐衛警、總幹事
業務客服門市類	電話行銷專員、網路線上客服、電訪員、業務專員、房地產營業員、市場販售員、加油員、銷售員、門市人員、超商、人力仲介業務、房仲、業務助理、百貨專櫃人員
生產製造作業員類	海鮮加工人員、水產行員工、豬肉加工、包裝人員、作業員、舊衣回收挑衣員、品管人員、理貨人員、倉儲、排螺絲手工人員、塑膠分類人員、資源回收作業員
財會金融專業類	會計、會計助理
學術教育輔導類	安親課輔老師、美語教師、幼教老師、行政助理、國中數學英文老師、教保員

餐飲旅遊類	油炸廚工、炒菜師傅、外場服務員、煎檯人員、洗碗工、切菜人員、備料人員、早餐兼職、揉麵師傅、工讀生、外送人員、廚房助手、學徒、廚師、櫃檯人員、房務人員
資材運輸類	送貨員、堆高車司機、拖板車司機、大巴司機、山貓司機、送乳員、搬家工人、派報員、貨櫃裝卸人員、油罐車司機、家電送貨員、計程車司機
家事服務類	清潔人員（長期、短期）、管家、到府服務保母、居家陪伴員、臨時工
醫療服務類	居家照顧服務員、看護人員、養護中心
美髮理容類	美髮助理吹風手、設計師、彩妝師、美甲師、美髮學徒
休閒娛樂類	養生會館按摩師、美容護膚美容師、KTV 少爺、推拿師、遊藝場服務生、娛樂廣場開分員、伴唱小姐
傳播藝術設計類	網頁美工、會場布置人員、設計助理
經銷加盟類	商業加盟
行政內勤類	行政助理、辦公室助理
營建製圖類	繪圖人員
其他	除草人員、園藝工、農場雜工

報上許多工作都是孩子第一次見到，也藉由找工作的課程，讓孩子認識社會上形形色色的職業。其實這些工作都是日常生活中容易見到的，只是報紙上的職務稱謂比較正式，有些孩子較難從字義上看出工作內容。

大部分的孩子在老師講解或發表討論後，都會恍然大悟，原來市場「販售員」就是在市場「賣東西的人」，「粗工」就是在建築工地鑿地、搬運水泥、砂石、磚塊等大小事的工人。「房仲業務員」就是從中為買賣雙方介紹、提供房屋資訊等，並於成交後抽取部分佣金的行業，簡言之就是「賣房子」的人。所以，閱報找工作的學習單建議在教室，或有大人陪同的情況下一起完成較好，大人可以隨時替孩子解答疑惑。

徵人求才廣告要看懂什麼？

每一個徵人的小廣告文字都不多，從這麼少的訊息中要看懂什麼？

學習單發下後，引導孩子照著學習單的指示，一邊尋找工作，一邊找出訊息，並判斷所選的三項工作哪一項是最想要的第一順位。

首先要先看懂徵什麼才？通常這都會以最大、最醒目的字體表示，例如：保全人員、熱炒師傅、銷售專員。接下來上班時間幾點到幾點（早班、中班、晚班、大夜班）、上班範圍（又分內勤、外勤、內場、外場）、薪資（時薪、日薪、週薪、月薪、有無底薪）、福利（休假、分紅、勞健保、員工旅遊等）。

工作該具備的條件、能力是什麼？

多找幾項工作後就會發現，徵才文字雖然少，但還是能從極少的文字中辨識出雇主需要的條件，例如：旅館的徵才要找櫃檯人員，雇主提出「具旅館飯店櫃檯經驗者尤佳、具責任感、對數字概念佳、能溝通具服務態度概念」（見右圖），讓孩子知道，有些工作不是你想要就有，還得看自己是否符合對方的需求。

「司機」需具備「會開車、具汽照」，「打字員」需要「高中畢業、擅英打者佳」，「早餐店員」需要「手腳俐落，吃苦耐勞」，「會計」需要「對數字概念佳，需熟悉操作電腦」，「門市服務員」需「具親和力」等。此外，雇主也會提出無經驗可需上進、無不良嗜好、無前科紀錄、能加班者、須獨立作業等不同條件。

　　除了雇主提出該具備的條件外，也請孩子思考還有沒有哪些也是該具備的能力？我請孩子角色扮演一下「假如自己是老闆」，如果你要徵才，會想要哪種能力的員工，才不會搞砸了這項工作？舉例來說，司機的工作大多要求「會開車，具汽照」，但不只如此，要開車的人方向感也要好，要看得懂地圖或衛星導航，此外更要遵守交通規則，要能安全駕駛，不酒駕，不邊滑手機邊開車，不超速，否則被照相開單或出意外鬧人命，生命、工作恐怕不保。

看懂報紙職缺內容

從報紙找工作，
我未來想要從事的行業是⋯⋯

求職者：

	想要的工作 / 工作分析	日夜班保全員 月休6天 公司制度全、福利佳 / 待遇 / 26000～30000元 07-866 0938 ◯◯市鳳山路12號	㊣ 徵 司機 薪實領35000以上 ※享勞健保. 勞退 早上8:00-5:00 手腳俐落, 頭腦清楚 高薪面試洽談 375-0000	豬豬豬心腰子冬粉 炒菜師傅 工作時間：16:00-00:30 薪28000＋全勤3000 意者於下午3點後洽 新北市◯◯路170號 (07) 361-
工作內容		保護工廠	開車	炒菜
上班時間		日夜輪班	早上8：00～5：00	16：00～00：30
工作地點		工廠	大馬路	排骨飯餐聽
薪資福利（如休假）		26000～30000元 月休六日	35000元以上 享勞健保、勞退	28000元 全勤加3000元
該具備的條件為何？例如：學歷、專業知識、體格、經驗⋯⋯		要眼明手快，不然會遭小偷，體格好會跆拳道等武術，反應快，勇敢。	手腳俐落、頭腦清楚、具駕照，方向感要好、會看地圖或衛星導航，手排駕駛，遵守交通規則，安全駕駛。	會洗菜、切菜、炒菜，國家丙級考試合格。
評估工作環境有無危險性？		遇到壞人有可能遇害。	下雨天視線不佳也要出勤，可能發生車禍。	高溫環境，可能燙傷或遇到火災，站太久引起靜脈曲張。
我為何選這份工作？		覺得很有挑戰性，可以保護工廠，很有成就感。	學會開車可以載家人出遊，不用天天坐在辦公室。	學會烹飪，可以煮飯給家人吃。
如果想要這份工作，我還需要加強什麼能力，才足以擔當？		要常常運動讓身體更強壯，如果有人想圖謀不軌，才可以把壞人繩之以法。	要考上駕照，快速辨識路名，學會看懂地圖、路標，加強方向感，要有風雨無阻的工作精神，要鍛鍊身體。	先跟媽媽好好學習，要不怕油、不怕煙、不怕熱，小心不被燙傷，充實專業知識（食安、料理、採購、算錢）。

課程設計者：林晉如

從報紙找工作，
我未來想要從事的行業是……

求職者：

想要的工作	清潔公司 清潔人員 ・享勞健團保．退休提撥 週休二日及特休假 ・國定假日固定休享春節年假 ・正常上下班 08：00～17：00 無須輪班及加班 ・經驗不拘／無經驗可 ・專業職前技能訓練 ・月薪 22,000 元起加其他獎金 ・工作區域：○○區、××區、△△區	○○豆漿 ❖誠徵❖ 工作伙伴 上班5:30～11:00 月薪：20000 意者請9：00後親洽 335-0000 12區10區11區	▶楠梓・仁武・鳥松・大社・大樹 ●燙／吹風手● 二度就業可．月休4天．自洗自吹 薪25000左右 A．早9點～午6點／B．早10點～午7點 731－1234轉1233 〈××市美髮部〉
工作分析			
工作內容	打掃、收納	端盤子、收拾	洗髮吹髮、燙髮
上班時間	8：00～17：00	5：30～11：00	A 早上9點～午6點 B 早上10點～午7點
工作地點	○○區、××區等	豆漿店	美容院
薪資福利 （如休假）	22000 元 週休二日+獎金	20000 元 不詳	25000 元 月休 4 日
該具備的條件為何？ 例如：學歷、專業知識、體格、經驗……	吃苦耐勞，最好要有潔癖，有打掃的經驗。	手腳要俐落，做事情要快，不能慢吞吞。服務態度要親切。	會洗髮，也要會吹髮、按摩、健談、能耐久站、服務態度要好有禮貌。
評估工作環境有無危險性？	小心不要碰到鹽酸或清潔劑，要戴手套比較安全及衛生。	被油鍋或茶湯燙到，地板有水會滑倒。	接觸洗髮精、染燙髮劑手會過敏、富貴手、手痛，可戴手套，站太久引起靜脈曲張
我為何選這份工作？	可以學會怎麼把家裡整理乾淨。	可以交朋友，喜歡看到客人的笑容，也可以喝店裡的豆漿。	可以幫家人整理髮型。
如果想要這份工作，我還需要加強什麼能力，才足以擔當？	要知道哪一種汙垢要用什麼清潔劑才有效，還要加強體力。	什麼事都要願意做，動作要快，不能讓客人久等，服務親切，要保持微笑，顧客才會再來。	洗髮的力道要剛好，吹風機不可以太近，學會染燙髮劑的調配，要訓練體力，還要會與客人哈啦。充實專業知識，通過丙級證照考試。

課程設計者：林晉如

「你不能當司機，你連走路都會撞到人，開車一定出車禍。」孩子對某人說。

「你才不能當服務員！凶巴巴，顧客全被你嚇跑。」底下又是一陣狂笑。不過笑歸笑，讓孩子知道工作也是要有其專業態度才行。

資訊不完整，找工作受阻

找工作的過程中遇到最大的阻礙就是資訊不完整，有很多沒有寫薪資待遇及上班時間，針對這些問題，如果孩子沒有很堅持一定要這項工作，我會請他再翻找其他報紙，找出條件俱全的工作。

我也會請孩子思考，「薪資」及「上班時間」兩樣都沒寫，這是什麼樣的工作？為什麼這麼重要的訊息沒有提供呢？如果真的很想要這工作，對方有沒有提供電話可以查詢呢？打電話去問也是辦法之一，我告訴孩子，大人如果真想要知道更多的工作訊息，是真的會打電話去問的喔！我主要的目的是想讓孩子知道「大人就是這樣找工作的」。（下圖）

```
▶ (3)工作伙伴
    福利優．男女皆可
    803-0000
    0930-123456
    ××市〇〇區〇〇路 125 號
    【〇〇洗車場】徵
```

```
▶ 甲種業務主管
    具執照
    工作地點：×× 路
    0937-012345
```

資訊缺乏的職缺內容

如果不想打電話，可再看看眾多資料中有沒有「接近」或「一模一樣」的工作（所以報紙一定要夠多），推測一下待遇及工時，這也是大人會用的辦法。說不定後來找到的職缺，因為資訊更完整清楚，孩子反而會「棄舊選新」也說不定。也可藉此告訴孩子，明明就是要招募新人，資訊

又不寫完整，說不定優秀員工就另尋高就了，公司便錯失了遇到好人才的機會。所以，要徵才，資訊應該公開及完整，沒有什麼不能公開的才對。資訊不清不楚，有時反而讓人不得其門而入，甚至會想這到底是什麼怪公司？

辨識求職陷阱

「妳找到什麼工作？」A孩子問。

「聊天人員。」女孩回答。

「什麼？有這種工作？這工作要做什麼？」A孩子聽聞大驚。

「我也不知道，只要負責聊天就有 80000 元，還可以在家工作，超棒的！哈哈哈。」女孩回答。

「什麼？80000 元？聊天！我最會聊天，也最愛聊天了，還有沒有？我要！我要！」A孩子瞠目大驚，激動的衝上前去翻女孩的報紙。

「開玩笑，要聊天還不簡單，我也要！我也要！」另一位男孩聽到了也過來搶報紙。

在全班一片景氣低迷不振，幾乎人人 20000 元薪資的低待遇中，女孩的高薪立刻吸引了全班的目光。聽到月薪高達 80000 元，只要「個性外向活潑」、「週週領薪」、「可在家上班」的「聊天」工作，大家紛紛面露羨慕眼神，立刻拋棄手邊 20000 元的工作，瘋狂翻找報紙，擺放報紙的地方出現了你推我擠的盛況，場面開始混亂。大家都想看看能不能找到更高薪、更輕鬆的工作。連工作都找輸同學，很不甘心，遜斃了！

開學初，因為孩子散漫不在乎的學習態度，我教得起勁兒，但是孩子學習態度懶散，學習成效低弱，我甚至一度懷疑，該不會這些孩子們認知理解有問題，難道與智商有關？

孩子竟然能在幾百份求職報紙中，能在上千萬份職缺廣告中找到少數「錢多、事少、在家工作」的聊天工作後，我立刻改觀，他們的學習低成就絕對與智商毫無關係，這完全是有沒有努力付出、有沒有動機罷了！

後來孩子們來問我「聊天人員」是什麼？說真的，我被問傻了，我也不知道這是做什麼的，只是，光會聊天就可以月入 80000 元，我不得不往「特殊行業」想去。（見下圖）

找到這特殊工作的當下，我突然覺得慶幸，慶幸是讓他們看報紙找工作。腦海立刻浮現新聞曾經播報許多涉世未深的年輕女孩懷抱明星夢，找工作卻遭遇惡魔伸出狼爪，人財兩失，都是看上這種高薪又輕鬆的工作（如模特兒、模特兒外拍人員）。所以，在孩子出社會找工作前，教會孩子辨識求職陷阱，懂得保護自己，三思而後行，免得在學校學一堆知識，到頭來生活知能卻很貧乏。

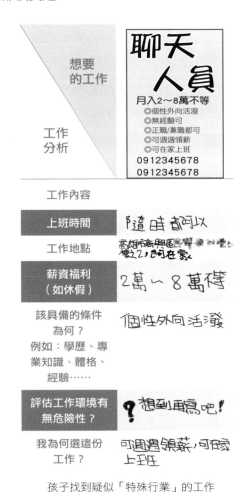

孩子找到疑似「特殊行業」的工作

之後我特地找了一些疑似有陷阱的徵才來當範例（見下圖），請孩子思考這些工作有沒有暗藏玄機？有沒有不合理的地方？什麼是「賺錢高手」？竟然可以月入 19 萬元，還免經驗？會不會要員工買一堆產品？會不會「假求職真詐財」？有些公司假立名目要求員工參加投資，佯稱只要投資一筆錢就可以獲取高額利息，等到錢丟進去了，公司突然人去樓空。

　　另一個「氣質領檯」也不遑多讓，純大廳接待工作就可以月入 60000 元，有這麼好康的事？還保障「日薪 6000 元」起跳，這老闆也太大方了吧！如果你是老闆，純粹接待客人有需要給這麼高的薪水嗎？這是合理的報酬嗎？還是暗藏了什麼不為人知的工作細節？許多大人都得在經歷過「幻滅，是成長的開始」才知社會險惡，對於這些待遇優渥、工作輕鬆、免經驗的怪怪工作，應特別小心。

　　這時也應該告訴孩子，如果求職遇有任何疑似詐騙狀況。記得撥打 165 專線或相關機關查證，以維護自身權益。

　　原本一開始我沒有想到會有孩子找到疑似「特殊行業」的工作，但是找到了就不得不抓緊機會立刻教育。當這學習單在網路上瘋傳時，有網友認為小學生為什麼學這個，這個年紀的孩子應該讓他「快樂作夢」，別太早讓他知道社會現實面。

疑似有陷阱的徵才廣告

但是，我想的是，大人無須塑造出一個完美和諧的社會假象來欺騙小孩，這年紀的他們早就知道聖誕老公公是假的，他們早就不相信公主與王子從此會過著幸福快樂的日子。臉書上大人加入的社團，小朋友也跟著加入，能看的也加，不能看的也加，現在的小孩不像我們那個年代因為資訊簡單，他們想要看什麼，上臉書或網路搜尋一下一樣可以找到，既然資訊公開大家都看得到，更應該告訴孩子社會的真實面貌，好提出解決之道，懂得保護自己。

　　新聞出現的那些受害者都是大人，大人如果沒有能力先把自己保護好，又怎能教孩子在遇到危險時要懂得保護自己？這個社會是不完美的，也會有偷竊、詐騙、搶劫、傷害等侵犯人權的各種違法犯罪行為，我們應該引導孩子去正視及思考這些問題。

　　我們大人常從各種管道了解社會黑暗面，進而提醒自己該有防範心理，那為什麼我們要隱藏現實不讓孩子知道，以致於讓他們沒有防範心理？

　　我們應該善盡職責把孩子教得更有「生存力」，提早讓他們想想因應之道，而不是將他們保護得像溫室裡的花朵，一出社會接觸到真實空氣便招架不住而枯萎，一出社會就像小白兔誤闖叢林而遭大野狼一口吞掉。

　　他校教師操作學習單後的心得分享：

王建正（高雄市新上國小 6 年級導師）：

　　「看到林晉如老師分享學生所做的學習單，這個學習單，我們學校 6 年級中有 7 個班的老師也決定來嘗試，目前雖只進行到求職學習單的階段，但學生反應都滿期待的，亦發現小朋友們在找到『薪水特別高』的職業時，也會提出疑問和討論，是很不錯的機會教育。」（自由時報，104.09.28）

如果孩子們在求學階段就能接觸這「未來經歷」，在師長適當的引導之下，提早思考因應之道，將來出社會求職時，孩子就能多一點「敏銳度」，多一點「思考力」與「判斷力」，找工作時才不會一下子被「高薪」沖昏頭。遇到特別狀況時宜審慎思考或向相關機關查詢，多一道把關，少一點危險。

參考網頁：
165 全民防騙超連結 http://165.gov.tw/index.aspx
內政部警政署刑事警察局 http://www.cib.gov.tw/
全國法規資料庫 http://law.moj.gov.tw/

評估工作是否有危險？

　　除了徵才廣告提供的資訊外，也應該自我評估一下這份工作有沒有危險性？每項工作都會有職業病或必須克服的困難，也會有風險存在，這些風險自己可以接受嗎？如果不小心發生意外，有沒有辦法處理呢？為什麼選這份工作？如果希望得到這份工作，還需要加強什麼能力才足以擔當大任？

　　寫到這裡，想起班上的孩子，當他們發現找的工作有可能遇到危險，例如：炒飯師傅有可能被油燙到、被刀切到，或失手引起火災。司機有可能閃神或打瞌睡引發車禍；業務員遇到不講理的「奧客」而起爭執，保全有可能被壞人攻擊，美容助理長期站立有可能會靜脈曲張等，就嚇得全部不幹了，轉往去找「更安全」的工作。

但是，有什麼工作是「更安全」的呢？

古人說：「人在家中坐，禍從天上來」，在路上走路都有可能扭到腳，下課玩遊戲玩到破皮受傷是常態，甚至，之前發生小朋友衝出教室門口，與正在走廊奔跑的孩子對撞，還差點腦震盪。會不會發生意外通常跟做事的「習慣」與「態度」有關，不良習慣與態度都容易把事情搞砸，即使習慣與態度俱佳，有時不免也有「命運捉弄人」的時候，不全然是工作的問題。

社會上哪一行最安全？哪一行最不安全？老師也答不出來，只能說凡事如果粗心馬虎、一心多用、慌張急躁，發生危險的機率就會提高。所以，如果一定要找「100％」安全的工作，那恐怕會失業。

以下表格便是班上學生在操作學習單的實際內容，來看看小朋友們是如何評估工作內容的危險性？大家一起加入討論喔！

閱報後，**從報紙找工作**，我未來想要從事的行業是……

求職者：張文菱

工作分析 / 想要的工作	安親課輔老師 富有教學經驗者佳 123-5566 陳○○ 0988-XXXXXX	榛果咖啡 徵工作伙伴 早班正職 薪30000 工讀生 薪25000 9:30~17:30 PT(6.5H) 時薪150 面試時間 10:00-19:00 以上月休六天，含全勤伙食 1234567 XX市 ○○路 123號	○○○蛋糕 蛋糕二手 以上良心·可立即上班 0912-XXXXXX
工作內容	補習班	咖啡	蛋糕
上班時間	11:00～7:00	9:30～17:30	9:30～17:00
工作地點	補習班	咖啡店	蛋糕店
薪資	20000～25000	早班正職：30000 工讀生：25000	20000～25000
福利（如休假）	月休2日	月休6天，含全勤伙食	月休4日
該具備的條件為何？例如：學歷、專業知識、體格、經驗……	需有教學經驗，要有耐心.	態度佳，數學好	態度佳，手要巧
評估工作環境有無危險性？	有可能會和同學家長起衝突，心情不好.	泡咖啡時燙到手	切蛋糕時，不小心切到手.
我為何選這份工作？	因為我想像媽媽一樣.	以後可以自己泡咖啡給家人喝.	以後可以自己做蛋糕給家人吃.
如果想要這份工作，我還需要加強什麼能力，才足以擔當？	我要有耐心，並趁現在學習老師是怎麼教我們的.	回家練習泡咖啡，讓爸爸當評審.	回家請媽媽教我怎麼做蛋糕，再自己多多練習.

課程設計者：林哲如

閱報後，**從報紙找工作**，我未來想要從事的行業是……

求職者：莊博勛

想要的工作　工作分析	先鋒保全機構 VANGUARD SECURITY GROUP 徵 工廠保全員 月休六天●工作●點一大社區 新26500元 ××區公園 07-1234567	豆漿店 店員 早上03:00-中午11:30 薪24500 ××路123號	燒肉屋 工讀生 ★平日★ 週一至週五 時薪130 ★例假日★ 時薪150
工作內容	工廠保全員	豆漿店店員	燒肉店工讀生
上班時間	早上10:00～17:00 晚上17:00～7:00	早上03:00～中午11:30	晚上6:00～8:00
工作地點	工廠附近	豆漿店	燒肉店
薪資	月薪26500元	月薪24500元	平日時薪130元 假日時薪150元
福利（如休假）	月休六天	月休4天	月休8天
該具備的條件為何？例如：學歷、專業知識、體格、經驗……	要眼明手快,不然小偷會進去偷東西,還要身強體壯。	要學操作封口機。	要速度快,不然客人會說太慢。
評估工作環境有無危險性？	當保全因為太無聊所以都在當低頭族,眼睛會瞎掉。	有可能工作時恍神,被豆漿燙到手而脫皮。	燒肉店的飯太好吃不小心偷吃,被老闆看見結果被炒魷魚。
我為何選這份工作？	可以感受到保護工廠的成就感。	可以喝不同地方做的豆漿。	如果太餓沒錢吃飯時,可拿店裡的食物吃。
如果想要這份工作,我還需要加強什麼能力,才足以擔當？	要常運動讓身體更健壯,如果有人圖謀不軌,可以把壞人繩之以法。	要勤工作,另外進修充實技能,把不會的學好,老闆員工及客人才會信任我。	要服務態度佳,面帶笑容,說話有禮貌,客人才會滿意,幫燒肉店賺更多錢。

課程設計者：林晉如

閱報後，**從報紙找工作**，我未來想要從事的行業是……

李昀儒

想要的工作 工作分析	金城鴨肉店 **洗碗清潔工** 享多項福利 薪31000起	奇美火鍋 **洗碗工** 晚7:30~11:20 日薪500元 0953000960	中華聯興公司/高薪徵 **儲備幹部** **主 管** ◎薪4萬 ◎月休6天 ◎享勞健保 ◎上班8小時 歡迎有管理員工經驗者佳
工作內容	洗碗工(清潔)	洗碗工	主管
上班時間	晚上7:00-9:00	晚上7:30-11:20	下午2:00-12:00
工作地點	金城鴨肉店	奇美火鍋	中華聯興公司
薪資	31000起	日薪500元	40000
福利（如休假）	享多項福利	月休4天	月休6天
該具備的條件為何？例如：學歷、專業知識、體格、經驗……	要有強壯的體格,動作快,最好有超能力。	火鍋店要洗碗比較困難,因為鍋子太大,手伸不進去。	有領導力,否則員工會和一盤散沙一樣,沒向心力。
評估工作環境有無危險性？	掃廁所有可能會掉到馬桶裡。	手抽筋	管員工嘴巴抽筋,管人被員工討厭。
我為何選這份工作？	因為要有好工作要從基礎做起。	因為可以玩泡泡。	因為可以管人。
如果想要這份工作,我還需要加強什麼能力,才足以擔當？	鍛練好體力,不能掉到馬桶,否則老闆會不高興。	要有好體力,否則可能會過勞死。更要勤勞,手腳俐落。	如果嘴巴抽筋,就沒辦法說話了,所以要保養好嘴巴,也要能言善道。

課程設計者：林晉如

從報紙找工作，
我未來想要從事的行業是……

求職者：

想要 的工作 工作 分析			
工作內容			
上班時間			
工作地點			
薪資福利 （如休假）			
該具備的條件 為何？ 例如：學歷、專 業知識、體格、 經驗……			
評估工作環境有 無危險性？			
我為何選這份 工作？			
如果想要這 份工作，我還需 要加強什麼能 力，才足以 擔當？			

課程設計者：林晉如

從報紙找工作，
我未來想要從事的行業是⋯⋯

求職者：

工作 分析 ＼ 想要 的工作		
工作內容		
上班時間		
工作地點		
薪資福利 （如休假）		
該具備的條件 為何？ 例如：學歷、專 業知識、體格、 經驗⋯⋯		
評估工作環境有 無危險性？		
我為何選這份 工作？		
如果想要這 份工作，我還需 要加強什麼能 力，才足以 擔當？		

課程設計者：林晉如

撰寫履歷表

當孩子說出「日薪 1000 元我不幹，時薪 1000 元我才考慮」時，嚇得我下巴差點掉下來，自忖當老師的我都沒有時薪 1000 元了，你這個小學都還沒有畢業的「小朋友」是有什麼「超能力」，可以獅子大開口啊？

孩子顯然不知道薪資不是「他想要就能擁有」，工作也不是他想要就可以得到。不過，這就是學習的大好機會，孩子的認知離現實社會實在是太遙遠了，他們越是把未來的生存想得唾手可得，現在就更不知道要努力學習。

大多數人在剛開始就業時，所得到的薪資往往較低，原因不外乎是經驗不足，技術不純熟，待人接物也還在學習階段。一般而言，雇主不會一下子就支付給初次就業者太高的薪資，能在工作中培養經驗，創新求變，地位和待遇才會有提升的機會。

藉由撰寫履歷表，思考一下自己的個性、興趣和專長，也讓孩子知道，若是能多培養不同的興趣和專長，且持續進修並多元學習，將來在工作選擇的範圍就能擴大、更多樣化，也比較有機會朝向自己有興趣、喜歡的工作前進。

找工作有時是職業選人，而不是人選職業。

想當明星，除了能歌善舞外，也該思考有沒有姣好的身材及俊俏的臉蛋？想當走秀模特兒，有沒有 170 公分以上的身高及勻稱完美的體態？先認識自己、審視自己的特質為何？

孩子！醒醒吧！要找到工作前，還是先寫出一份漂亮的履歷表再說吧！

當我在黑板上寫出「履歷表」幾個字時，孩子還跟我說：「老師，什麼是ㄈㄨˋ歷表？」，「履歷表」是什麼，他們一頭霧水，不但沒聽過，

連字都不認識，還唸錯音！

　　我告訴孩子，履歷表就是大人找工作時的必備工具，上面記載了個人的學經歷及個性、興趣、專長等，讓別人透過閱讀履歷的過程，快速了解自己的文件。當你看上一份工作，雇主要從眾多的求職者中篩選出能「面試」的人，仰賴的就是履歷表，有機會面試不代表獲得工作，雇主還會再多方評估，要你回家等「錄取通知」，或者，永遠也等不到任何消息，從此石沉大海，音訊全無。

　　孩子們開始唉唉叫，他們以為剛才從報紙剪下來的徵才就是「找到工作了」。大家大夢初醒，之前找工作時還有孩子說：「奇怪了！明明報紙上工作這麼多，想不通大人怎麼會失業呢？」

　　發下履歷表學習單後，台下唉叫聲不絕於耳。

　　開學以來我發現一個現象，只要是讓孩子寫這種「沒有標準答案」的學習單，大家就驚恐萬分，因為沒有「答案本」可以抄，答案得自己想，看別人的也沒用，因為你的興趣、專長、幹部經驗、個性特質等和其他人又不一樣。要不想了半天寫不出任何字，要不一邊寫、還一邊問老師這樣對不對？那樣對不對？

　　「我怎麼知道對不對？你們有哪些專長、過去擔任過什麼幹部、有沒有什麼豐功偉業？我怎麼知道？別忘了，老師才剛跟你們認識一個月，我跟你們不太熟耶！」我回答。

　　不過，履歷表不失為一個快速認識孩子的好方法，耶！

　　履歷表學習單，孩子除了第一項自己的姓名會寫之外，第二項以下就卡住了。

　　孩子問：「學歷是什麼意思？」

　　我問：「有沒有幹部經驗？」

　　孩子回答：「沒當過幹部耶！」

　　我問：「有沒有特殊才藝？」

　　孩子回答：「連普通才藝都沒有哪來特殊才藝！」

　　我問：「有受過什麼專業訓練嗎？」

孩子回答：「什麼專業？要訓練什麼？」

我問：「有獲獎紀錄嗎？」

孩子回答：「什麼獎都沒得過怎麼寫？」

我問：「興趣和專長呢？」

孩子回答：「興趣和專長有沒有一樣啊？」

我問：「個性特質？」

孩子回答：「個性是什麼？」、「我不知道自己的個性是怎樣？」、「想不到可以形容自己的詞語……」

光是填寫這幾格「基本題」，孩子們就舉步維艱。

接下來撰寫小自傳及自我期許，更是讓孩子們「面有菜色」。

尤其是小自傳，原先我設計的小自傳是要寫滿整張 A4，但是考量初次接新班，這種短文練習還是「先求有，再求多」好了，免得亂寫一通、慘不忍睹。沒想到我縮減到剩下「一小欄位」，還是被孩子抗議：「不會寫啦！」、「不知道要寫什麼！」、「為什麼要寫這個？」、「很難耶！」，孩子全癱軟在座位上。

這張履歷表讓孩子都傻眼了，也讓老師傻眼了。我也因此發現孩子對於「寫作」的懼怕及強烈排斥，都還沒認真思考就直接棄械投降。

「找工作怎麼這麼麻煩？還要寫一堆有的沒的？」孩子埋怨起來。

之前好幾家上市公司擴大徵才，因為開出高於市場的薪資，吸引了大批求職者的注意，大公司開出近百個職缺，卻來了上千位的求職者。

我問孩子：「如果你是老闆，你要怎麼選擇員工？你要怎麼決定留下誰？淘汰誰？」孩子聽完全部愣住了，他們從沒想過這問題。

「如果你是上班族，有機會可以脫離現在待得很痛苦，薪水又很低的工作，你會不會想跳槽去試試？」孩子想了想之後，全部點點頭。

我明白的告訴他們大人的世界就是用「履歷表」篩選，大家先寄履歷表，公司過目後決定誰可以進到第一關「面試」，如果連履歷表都不會寫，那就免談啦！

所以，文章能不能言之有物、下筆有料這種工夫是無法速成，靠的是大量閱讀及不斷的寫作練習。我告訴孩子，縱使你滿腹經綸，若是辭不達意也是枉然。現在資訊大爆炸的年代，除了要有快速吸收資訊的能力外，也要有正確表達自己意思的能力。

　　我開始思考，孩子學了那麼多學科，如果無法整合各項能力，只能應付有「標準答案」的考試或作業，這是我們要教出的下一代嗎？另外，小短文都寫不出來，懶得思考，也不想學習，怎麼與人交流，未來的生活不能都靠「貼圖」來表達吧！

　　「當然，又沒人規定你一定要找工作？就算寫好履歷表，還是有可能被公司拒絕。上班萬一達不到績效，不但拖垮一起共事的同事，還可能會被老闆罵，工作這麼心酸又辛苦，你也可以選擇不要去工作啊！天天在家打電動、看電視不是很痛快嗎？」我問。

　　「可是……可是……不工作怎麼會有錢？」孩子面有難色。

　　「這就對啦！要有薪水才能維持基本生活，沒錢吃飯會餓死耶！」我說。

　　孩子在父母豐厚羽翼下，生活過得安穩，從來不用為了錢而擔心。

　　「難道爸媽都會長命百歲，不會老、不會生病、不會退休，永遠賺錢給你花用嗎？所以老師現在要教你們未來如何在社會上生存，先好好學習，將來就握有多一點生活的選擇權，可以選擇自己想要的生活，還有能力照顧父母，讓父母安享晚年。」講到這，孩子聽懂了，唉叫聲已經變小了，雖然他們的表情還是一臉「有夠委屈」、非常「不情願」的樣子。

　　既然如此，不囉嗦，立刻放下投影機布幕，馬上上網抓幾個履歷表來當範例，讓孩子開開眼界。

過程中，竟然看到幾張同樣是五年級孩子寫的個人簡介，形式類似履歷表，上面載滿了豐富的資歷，小提琴、鋼琴、網球、圍棋五段、跆拳道黑帶、黑管、游泳、攝影等，此外獲獎無數、又有擔任班級幹部及學校志工的經歷，並且洋洋灑灑寫了 500 字自傳等超精彩的自我介紹，還附帶極有書卷氣質的帥氣大頭照。

　　「哇！哇！哇！好厲害啊！」孩子嚇傻了。

　　「這……這……這是外星人吧！」因為難以置信，只好說是外星人。

　　小孩看大人的履歷表沒什麼感覺，但是看到跟自己同年紀的，那內心可就「澎湃洶湧」了，明明同年紀，孩子立刻發現自己與他人的差距，見賢思齊之心油然升起。我也明白告訴孩子，將來升學考試或出社會，這幾位優秀的孩子就與你們站在同一個戰場上。

　　語畢，孩子不再唉唉叫，立刻絞盡腦汁開始琢磨自己的履歷表。

履歷表不僅是累積個人資歷的紀錄，更是做自我廣告的工具，是你在角逐工作時的**入場券**。請試著推薦自己，讓你有機會進入**面試**這一關。

姓名	
學歷	國小，目前為岡山國小五年四班學生
幹部經驗	曾經當過班上的風紀股長，對於不遵守規矩的同學會加以規勸，維護班上秩序。
特殊才藝	從小對藝術有天分，繪畫常受到大人的肯定。
專業訓練	曾經上過美術才藝班，會製作海報、繪本小書、設計美工圖案。
獲獎紀錄	寫生比賽第三名、學業成績進步獎、岡山國小閱讀小達人獎狀。
興趣專長	興趣是繪畫及養小動物，專長是布置教室、製作海報及小書等。
個性特質	個性溫和好相處，喜歡幫助他人。
小自傳及自我期許	我的爸爸是空軍官校的士官長，我的媽媽是營造廠的行政人員，我有一位活潑調皮的妹妹，我的家庭幸福和樂。 找工作方面，希望可以成為獨當一面的廚師，可以自己煮飯並調配可口的餐點，讓吃到的人都可以滿心歡喜，吃得津津有味，這樣我就會非常開心了。

課程設計者：林晉如

履歷表不僅是累積個人資歷的紀錄，更是做自我廣告的工具，是你在角逐工作時的**入場券**。請試著推薦自己，讓你有機會進入**面試**這一關。

姓名	
學歷	國小，目前為岡山國小五年四班學生
幹部經驗	三上擔任風紀、三下擔任小老師。 四下擔任體育股長、五上擔任午餐長、窗戶長。
特殊才藝	圍棋六段、會吹長笛
專業訓練	圍棋比賽選手、作文選手、閱讀闖關
獲獎紀錄	圍棋、繪畫、學業成績優良獎、岡山國小閱讀小達人獎狀
興趣專長	喜歡閱讀，擅長圍棋
個性特質	勝不驕、敗不餒，永不放棄、堅持到底。當風紀有大公無私的精神
小自傳及自我期許	我媽媽是安親班老師，我外婆是家裡的大總管，雖然我來自單親家庭，但家人給我的愛一點也不少。對於新環境一開始我會有點害羞，但慢慢漸入佳境。 我喜歡接受挑戰，希望能當一位盡責的書籍推銷員，我會改變我的語氣和態度，用更禮貌的方式服務客人。

課程設計者：林晉如

履歷表不僅是累積個人資歷的紀錄，更是做自我廣告的工具，是你在角逐工作時的**入場券**。請試著推薦自己，讓你有機會進入**面試**這一關。

姓名	
學歷	
幹部經驗	
特殊才藝	
專業訓練	
獲獎紀錄	
興趣專長	
個性特質	
小自傳及自我期許	

課程設計者：林晉如

履歷表不僅是累積個人資歷的紀錄，更是做自我廣告的工具，是你在角逐工作時的**入場券**。請試著推薦自己，讓你有機會進入**面試**這一關。

姓名	
學歷	
幹部經驗	
特殊才藝	
專業訓練	
獲獎紀錄	
興趣專長	
個性特質	
小自傳及自我期許	

課程設計者：林晉如

心有靈犀一點通

五年級，全新的班級，班上的成員有的是舊識，有的是剛認識的新朋友，甚至有些開學一個多月都還沒講過話。為了拉近孩子間的距離，老師出了一份「心有靈犀一點通」的學習單，靠著平日的相處就近觀察，在還沒有看到同學找到的工作前，先來預測一下，你覺得對方會選什麼工作？為什麼？從哪裡推測出來的？先寫完這份學習單，再把同學找的工作（第一順位）填上去，看看你們想的一不一樣？

若是一個人獨立要預測全班 27 個人的工作可能會壓力過大，畢竟才剛開學，連老師自己都不太熟悉每一個人。所以，我將班上分成幾組，以小組的方式進行預測。我開放讓孩子自己去尋找組員，找到組員後再各自推派一位「主持人」負責討論的地點、時間及該如何操刀心智圖等統籌工作。

小組的成員一起討論可以分散壓力，一組中有些孩子是舊識，有些是新認識，新舊一起討論就會激出許多火花，增加樂趣。

在討論的過程中還發生了一個小小插曲，引來當事人的不滿。有一組正在討論某位身材壯碩男同學，因為「外型」大家預測他很適合當「相撲選手」，但是當事人一點都不喜歡相撲選手，所以一狀告上老師。

雖然我覺得孩子們的答案很有創意（創意本來就是無限馳騁，限制多了哪還見得著創意？），還是提醒孩子在預測他人工作時，要有正確的心態，職業要以「正當性」、「合法性」為主。

既然有人提到相撲了，就來進行機會教育，介紹一下日本重要文化以正視聽。首先，我先誇獎了孩子們，他們竟然知道日本的「相撲」。在日本的各項傳統藝能中，一直保有高度人氣、歷久不衰的活動，便非「相撲」莫屬。

「相撲在日本被尊為國技，是日本文化的象徵之一。我告訴孩子以前還有位盛極一時的日本女明星要嫁給相撲選手，那位相撲選手還是相撲比賽 10 個等級中的最高級位（橫綱），職業相撲選手在日本可是享有很高的榮譽，地位更是崇高，不是你們所想的那樣穿丁字褲看起來很滑稽的樣子。」我說。

我也清楚的告訴孩子，開放大家預測是要觀察同學，也看看自己在別人眼裡可能是哪種職業的人，不是要嘲笑別人，如果你有心要羞辱他人，難道別人看不出來嗎？等下換別人羞辱你，你想要這樣的結果嗎？

其實從「心有靈犀一點通」的學習單，老師很快就可以觀察出來哪個是嘴巴不饒人的孩子（少數），團體中本來什麼樣的人都有，一種米養百樣人，重點是若發現了不妥的地方，就要馬上進行機會教育。

至於，預測同學的職業要從哪個角度觀察，只要心態正確並合乎「正當性」及「合法性」，大家就輕鬆看待吧！老師不就開放自己讓大家預測，學習單最末有個「你覺得老師常被誤認為哪種職業的人？為什麼？」人對人會有好奇心是正常的，對於不認識的人，大家通常都會猜測對方是做什麼的？因為我實在太常被問到這個問題，就讓孩子來猜猜看，來個「以貌取老師」吧！

因為剛開學，許多孩子彼此間還不是很熟悉，每次發作業簿不是來問這個是誰？就是那個是誰？「心有靈犀一點通」的學習單正好讓大家有機會好好認識同學，一起討論，嘻嘻哈哈中也能拉近彼此的距離。（見右表）

心有靈犀一點通

在還沒看到同學選擇的工作前，試著以平日相處的了解，預測同學喜好的職業應該是哪種？小組討論後，寫出答案。

主持人：__18__　　　組員：21、24、20、17、19、22

姓名	預測	結果	姓名	預測	結果
郭〇〇	演員	保全	郭〇〇	美食評論家	包便當人員
郭〇〇	警察	業務助理	藍〇〇	畫畫老師	美髮設計師
林〇〇	水電工	卡車司機	王〇〇	護士	飯店房務員
王〇〇	相撲選手	外送員	張〇〇	老師	咖啡店員工
萬〇〇	運動員	印刷電路板技術員	陳〇〇	餐廳帶位員	補習班老師
黃〇〇	賣黑輪老闆	攝影師	黃〇〇	荔枝農	羊肉店員工
李〇〇	英語老師	洗碗工	李〇〇	運動員	清潔員
蘇〇〇	畫家	司機	何〇〇	音樂家	咖啡店員工
張〇〇	電腦工程師	SPA 按摩師	邱〇〇	默劇演員	安親班老師
郭〇〇	電競選手	飲料店員工	張〇〇	服飾店員工	安親班老師
莊〇〇	教授	工廠保全	蔡〇〇	婚禮主持人	行政助理
李〇〇	房仲推銷	燒肉飯員工	吳〇〇	祕書	照顧服務員
吳〇〇	政治評論員	大巴司機	林〇〇	舞蹈家	小吃街環保人員
方〇〇	機器人教練	牙醫師	老師	你覺得老師常被誤認為是哪種職業的人？為什麼？	

課程設計者：林晉如

歸納後畫出心智圖

　　預測完同學的職業後，請小組一起討論並歸納出，你們是從什麼角度判斷的？（個性、體能、學業成績、衛生習慣、正義感、專長等）大家一起畫出心智圖。

　　有些孩子被預測為棒球選手、田徑選手，是因為同學覺得他具有「運動細胞」；有些孩子被預測為畫家、美勞老師是因為覺得具有「美術天分」；有些孩子被預測為英語教師、教授則是從「學業成績」觀察出的；還有人因為平日很搞笑被預測為演員及諧星；還有幾個被預測是音樂家（會彈鋼琴）、護士（會照顧人）、推銷人員（能言善道）。有趣的是，一位平日沉默寡言的孩子被預測為「默劇演員」，看到這裡真的覺得孩子很有想像力。

　　然而，有三個孩子在各組的預測中都是一模一樣的職業。有個男孩電腦能力強，大家都預測他是「電腦工程師」；一個舞藝高強的女孩，大家都預測她是「舞蹈家」；一個學業成績亮眼的孩子，大家都預測她是「老師」。

　　兩張學習單完成後公布在公告欄（見 P.127-128 內容），孩子們爭先恐後搶著看，看看自己被預測為什麼職業的人，從這學習單可以看到別人眼中的自己，當發現自己被預測為「教授」、「英文老師」、「公司經理」時，心裡還偷偷竊笑呢！

歸納整理－心有靈犀一點通 (畫出心智圖)

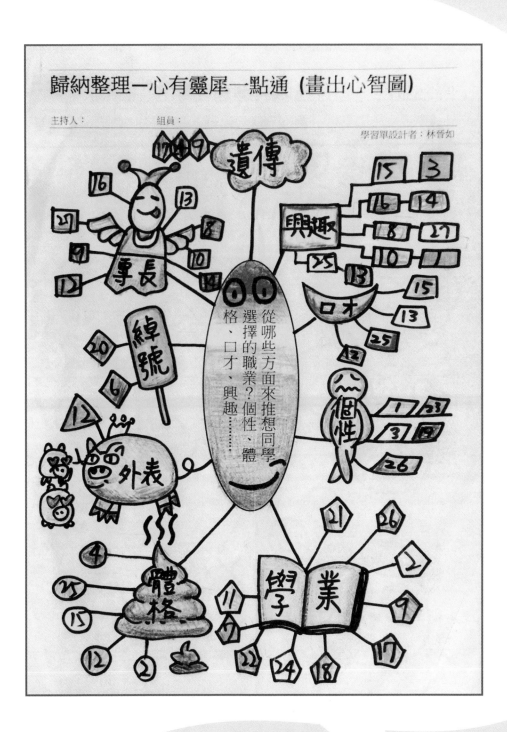

歸納整理─心有靈犀一點通 (畫出心智圖)

主持人：　　　　組員：

學習單設計者：林香如

當看到同學預測我的職業時，我有什麼想法？

經過了「心有靈犀一點通」活動後，為了增加孩子練練文筆的機會（想盡辦法增加他們的文字表達能力），在課堂上，我希望教會孩子的不只是現在的能力，也要教會未來的能力。

在資訊流通快速的世代，除了要有迅速掌握新資訊的能力，也要有正確表達自己想法的能力。我請孩子欣賞完大家對自己的預測後，寫出自己的觀後感。原本拿筆寫東西就唉得不得了的孩子，在看完他人的評價後都「很有感覺」，文筆能力的訓練，不是只能從作文下手，把握每個靈光一閃的念頭，不囉嗦，我要孩子馬上寫下。

看到同學預測我是「音樂家」，我覺得很開心，因為我一直都很喜歡音樂，也覺得音樂是件有趣的事。如果要當音樂家，我還需要更多的專業知識。看到同學的肯定，代表他們相信我有能力去影響別人，讓我覺得很高興。

——岡山國小 何雲亞

看到同學都預測我是「電腦工程師」，覺得很無言，因為我不喜歡電腦，我想當 SPA 按摩師。

——岡山國小 張豐榛

看到同學預測我的職業是「英文教師、博士」等較「高階」的職業時，而不是洗碗工、清潔工時，我欣喜若狂，但我覺得我的成績配不上這種高階職位，還是班上的菁英比較適合，例如：9號、11號、14號、10號等。我還要再接再厲，才能成為同學眼中的我。

——岡山國小 李昀儒

大家預測我是「會計師」，我覺得很不可思議，我的數學這麼不好，怎麼可能會是會計師呢？我太驚訝了！
　　　　　　　　　　　　——岡山國小　邱沛臻

看到大家都預測我是「老師」，我真的有能力勝任嗎？為什麼大家會這麼認為？我以後要好好表現，才不會破壞同學對我的好印象。
　　　　　　　　　　　　——岡山國小　張茹涵

當我看到我在別人的學習單上是「大學教授」時，我樂得手舞足蹈，因為我覺得大家對我抱有很大的期望，要當大學教授很不簡單。我希望以後如果真的當上大學教授，就要像林晉如老師一樣把上課變得像玩遊戲一樣，讓學生上得意猶未盡，讓對讀書意興闌珊的學生，重新恢復興趣。
　　　　　　　　　　　　——岡山國小　莊博勛

同學預測我是「護士」，我好驚訝啊！以前幼稚園的時候我真的很想當護士，但是到了中年級後，我想當小學老師，現在高年級，我想當廚師，不知道以後會變成什麼？（見下表）
　　　　　　　　　　　　——岡山國小　王翊慈

| 幼稚園 護士 | 中年級 小學老師 | 高年級 廚師 | 以後 |

同學的預測和自己的志願
（岡山國小　王翊慈）

因為寫書，使我有機會再次重新整理孩子們的學習單，他們之前寫過的內容我早就全忘了，等到再次拿出來詳閱時，看到一位男孩寫著以後當「大學教授」，就要像我一樣，不禁哈哈大笑，謝謝他感受到課堂的樂趣，這對身為老師的我而言，真是感動無比的鼓勵啊！

　　當我看到那位全班各組都預測會當「電腦工程師」的男孩，因為他電腦能力佳，且孩子的爸爸也是從事相關行業，所以大家都合理推斷他適合走電腦方面的工作。沒想到，他對大家的預測感到「無言」，他真正且真心喜愛的工作就是從報紙上找來在 SPA 會館的「按摩師」工作（如 P.132 所示），跌破大家眼鏡。

　　看到孩子們的心得回饋，不禁慶幸著，如果「心有靈犀一點通」兩張學習單，在畫完心智圖後就沒有了，我就沒有機會知道孩子們心裡的真正想法了。有時老師可以藉由這種「心情小語」拉近師生距離，除了讓孩子學習沉澱事情過後的思緒，轉換為文字記錄下來，進而培養寫作技巧，老師也能深入孩子的內心世界做心靈的溝通與交流。這般內心深層的觸動，既真實又令人感動啊！

想要的工作 工作分析	六星級 SPA會館 兼職服務人員 ××區○○路123號 09-1234567 ○小姐	○○美容 SPA 會館 優質美容師 假日兼職亦可 反應快、抗壓性高、配合度高、遵從性高。思緒清晰、學習心強。溝通能力強、個性積極正面。有 SPA 經驗者佳 經理 中班會計 ××市○○區○○路12號6樓	○○Spa 美容師 日夜6班，每班可拆1100，兼職可 帶客員 薪30000 ××市○○區○○路119號11樓 (07)0011-1234
工作內容	服務客人	經理	幫人按摩
上班時間	可自選	8:00～20:00	8:00～20:00
工作地點	SPA會館	SPA會館	SPA會館
薪資福利（如休假）	20000	15000～20000	1100X30
該具備的條件為何？例如：學歷、專業知識、體格、經驗……	18歲以上 態度要親切	20歲以上 會管理, EQ要高	18歲以上 要會按摩
評估工作環境有無危險性？	幾乎沒有	沒有	一點點
我為何選這份工作？	覺得很好玩。	我喜歡管理。	可以幫爸媽打按摩
如果想要這份工作，我還需要加強什麼能力，才足以擔當？	招待客人要讓客人覺得這間SPA很優。	提升員工能力,幫公司賺大錢	要把客人按得通骨豐舒暢痛全消

讓大家跌破眼鏡的工作選擇
（此學習單操作者：岡山國小　張豐榛）

心有靈犀一點通

在還沒看到同學選擇的工作前，試著以平日相處的了解，預測同學喜好的職業應該是何種？小組討論後，寫出答案。

主持人：＿＿＿＿＿＿＿　組員：＿＿＿＿＿＿＿＿＿＿＿＿

姓名	預測	結果	姓名	預測	結果

老師　你覺得老師常被誤認為是哪種職業的人？為什麼？

課程設計者：林晉如

歸納整理──心有靈犀一點通（畫出心智圖）

主持人：　　　　組員：

課程設計者：林晉如

從哪些方面來推想同學選擇的職業？個性、體格、口才、興趣……

未來想過的生活 —— 買房

大家找到工作後，有薪水入帳了，想不想要買房子、買車子？想不想要買一間屬於自己的溫暖小窩？想不想要買車去兜風？大家都說要買，沒有人放棄，也沒有人選擇與父母同住，或者是另外租屋、租車。

　　我將未來想過的生活的「選擇權」全部交給孩子，未來要不要有房、有車、要不要生小孩等，全部由「孩子自己決定」，老師的立場要保持中立，完全不干預。

找到工作後，買房買車，未來想過的生活 　　姓名：
【費用估算】

房子	美術館站新電梯車墅 總價 3980 萬 地址 175 坪 可停3車，面寬近6米 三代同堂，7房皆套房 (02)1234-5555	機車	
建坪	175坪	功能	上班代步
格局	7大房	排氣量	125CC
車位	3車位	價位	65700 元
總價	3980 萬元	保險保養	每月預估：200 元
分期20年	（3980萬）÷20=（199萬）每年應繳：199萬 元	分期1年	（65700）÷12=（5475元）每月應還：5475 元
每月應還	（199萬）÷12=（約17萬）每月應還：17萬 元	每月油錢	每月預估：200 元

汽車		孩子	
車款	賓士	孩子數	3 人
排氣量	3000CC	保母費用	15000×2=30000 每月應付：30000 元
總價	162萬元		
分期3年每月應還	（162萬）÷36=（45000）每月應還：45000 元	教育費用	幼兒園註冊費+月費 每月應付：9000 元
每月油錢保險保養	油錢預估：3000 元 保險保養費預估：4000 元	食	早：50 中：100 晚：500 （50+100+500）×30=（19500）每月應付：19500 元

機車照片提供者：蔡欣芸

找到工作後，買房買車，未來想過的生活
【費用估算】

姓名：

房子		機車	
建坪	107坪	功能	兜風
格局	雙套房、電梯	排氣量	125CC
車位	雙車位	價位	66000 元
總價	2980 萬元	保險保養	每月預估：300 元
分期20年	（2980萬）÷20=（149萬） 每年應繳：149萬 元	分期1年	（66000）÷12=（5500元） 每月應還：5500 元
每月應還	（149萬）÷12=（12.42萬） 每月應還：12.42萬 元	每月油錢	每月預估：500 元
汽車		孩子	
車款	BMW	孩子數	2人
排氣量	3000CC	保母費用	15000×1=15000 每月應付：15000 元
總價	180 萬元		
分期3年每月應還	（180萬）÷36=（5萬） 每月應還：5萬 元	教育費用	幼兒園註冊費+月費 每月應付：9000 元
每月油錢保險保養	油錢預估：5000元 保險保養費預估：5000 元	食	早：60 中：100 晚：200 （60+100+200）×30=（10800） 每月應付：10800 元

老師別破自己的梗

在進行買房買車的學習單之前，有個很重要的前提，如果一開始就告訴孩子後面要計算出全部的消費再算出「基本的每月開銷」，看看薪水能不能支付自己未來想過的生活，那孩子就知道老師在玩什麼把戲，買房、買車時孩子就會聚焦在「低價位」上，對價位斤斤計較或乾脆放棄不買，隱藏自己的物質欲望，那這樣就無法達到「震撼教育」的效果了。所以，老師自己不能先破梗，更不能先亮出底牌。

每篇消費單元，我都介紹要怎麼選購「適合自己需求」的房子及車子，找出孩子自己真正的需求，帶孩子認識房子格局、建坪、車位，認識車款、排氣量、總價、分期付款、每月應還等項目，教會孩子如何選擇適合自己的房子車子。

對於孩子買房、買車時不小心買到「天價」，老師千千萬萬都要一副「泰山崩於前而面不改色」的態度，總之不管看到什麼難以置信的價位，一切要泰然自若、處變不驚，絕對不可以「打草驚蛇」，不管孩子做了什麼離譜決定，老師一定做他們最堅實的後盾，一定全力支持到底！

千萬別破梗啊！

房產資訊來源

一般報紙夾帶著求職廣告，也會有房產資訊的版面。除此之外，房產資訊的來源還有各大便利超商提供的免費房產報紙，如「房產便利通」等。「房產便利通」這份房產資訊不但製作精美，且全報彩色，圖片大、文字大，房產物件介紹清楚，不受限於一般報紙版面大小而資訊不足。第一份免費贈閱，每人限取一份，第二份開始就要收費 50 元。

孩子們興奮地翻著報紙，但是翻來翻去，只看得懂房屋的「外觀」、只看得懂漂亮與不漂亮，其他房產文字訊息一律看不懂。

不過，這是必然的，買房有一些「專業術語」，平常不買房的人根本不太需要知道這些知識，況且小學生離買房的年紀更遠，就算讀到畢業，課本裡也不會出現這些專有名詞。

所以，想要買房，首先必須知道要買「什麼樣的房子」？

一般報紙上的房產資訊因為受限於版面規定，所以圖片大小、文字說明等都是以最精簡的方式呈現，文字雖然少，卻都是買房最重要的基本訊息。

考量小學生能理解的程度及授課時間的分配，我將關於買房的相關訊息簡單分成了 4 個部分，從建坪、格局、車位、總價 4 個較基本的項目來評估自己想買何種房子。

買房

要購買屬於自己的房子，孩子們都非常興奮，想要買房的欲望強烈得不得了，因為這單元前所未見，興奮的程度可想而知，想到可以假裝自己已經長大成人，可以像爸媽一樣買東西，而且還能完全地「當家作主」，每個孩子莫不摩拳擦掌認真閱報，深怕少瞄一眼，就與好房失之交臂了。

課堂上，每個人發下房地產的報紙資料（無限量供應），現在報紙的房產資訊非常豐富，不但選擇性多，排版精美，資訊清楚，各種價位應有盡有，想要買貴還是買便宜，全部都找得到。此外，圖片還是彩色的，房價、坪數、車位、地段、交通、格局等資訊皆一目了然。

如何選擇房子？

1. 建坪

怎麼知道房子有多大間，那就得先認識「坪數」。

對於才剛從四年級升上五年級的 10 歲、11 歲孩子來說，坪數是什麼根本聽都沒聽過，但是，這一切都是新奇有趣、富挑戰性的問題，重點是每個人的未來一定用得到，所以孩子們各個側著耳朵靜聽，集中眼力細看，急著想知道買房資訊。

台下的孩子無不眼神發亮，專注認真地聽我講解如何認識房屋坪數。要買房子，首先要先了解「1 坪有多大？」的概念，接下來才能「想像」要買的房屋是不是自己想要的大小。

我舉出小時候常聽大人說的例子，1 坪大約就是「兩個榻榻米」的大小。但是，聽到「榻榻米」，孩子們的臉上滿是問號的表情，看著他們的臉，我發現我忽略了年代的鴻溝，這些西元 2004 年才出生的孩子哪裡知道什麼是「榻榻米」？只有一、兩個孩子知道我在說什麼。

用「榻榻米」的講法行不通，於是，我大約換算了一下，1 坪是 3.305 平方公尺，把 3.305 開根號，大約是 1.8 公尺，也就是說，1 坪若假設成正方形，大約就是 1.8 公尺×1.8 公尺。不過，若是這樣對小學生說，絕對沒人聽得懂。

所以，我以父母睡的「雙人床」為例，雖然雙人床還可再細分「標準型」及「加長型」，但我們不是真的要買房子，也不是真的要計算到那麼精準無誤（如果真的算到非常精準，孩子們就更聽不懂了），他們只要對坪數稍微有概念就可以了。當我一說出「雙人床」，孩子就立刻明白了，所以，一坪簡單來說，大約就是「一張雙人床」的大小。

接下來，我舉孩子們最熟悉的「教室」為例，一間教室粗估長是 9 公尺，寬是 8 公尺，一間教室大約是 72 平方公尺，約略換算一下，大約是 21 坪左右。有了這個概念，教室又是最熟悉的地方，四周望一下，21 坪

大概就像教室這樣，想要買房子的孩子們除了具有坪數的概念外，也有了比較的對象。剩下的，就要靠自己腦袋瓜裡的「3D 動畫能力」來「想像」要買的房子究竟有多大了。

2. 格局

什麼是格局？格局就是房屋的結構與式樣。

有的人喜歡方方正正格局的房子，也有人喜歡長方形格局的形式。買房要知道房間數是多少？客廳、飯廳共有幾間？衛浴設備共有幾間？有沒有停車位？房屋的型態是公寓、大樓還是透天厝？

我舉出報紙內容中「3 房 2 廳 2 衛」為例，這樣的文字訊息表示有 3 個房間，2 廳通常指的是客廳及飯廳，衛就是指衛浴，也就是大家常說的廁所。

在選房屋的過程中，也請孩子推想自己理想的居所需要幾間房間才夠用。有些孩子覺得兩間就夠了，一間主臥房給爸媽睡，一間孩子們使用。也有些孩子覺得要三間才夠，還要多一間給阿公阿嬤住，或是當成書房及客房。當然，也有孩子想要五間房間，多一間要當儲藏室，另一間當遊戲室。

對於衛浴，孩子覺得只要一間就夠，不明白為何需要兩間衛浴？

這讓我想起自己小時候家裡的情況，一直到我長大，才知道家中空間原是規劃有兩間衛浴，但是，當時父母為了要爭取多一點的活動空間，於是刪減了一間衛浴。一旦作了這個決定，結果影響到往後家人多年在生活上的極大不便。

因為家中只有一間廁所，當有人在洗澡時，就不能有人同時想去上廁所。尤其在求學階段，大家都在同一時間上學，同一時段大家都要洗臉、刷牙、上廁所，所以就要輪流等候使用廁所。再加上內急不是說忍就可以忍，實在很不方便，所以，幾年後，家人又蓋回了一間廁所。

聽完老師的小故事，孩子恍然大悟，原來選房也是有一些「眉眉角角」，雖然只是一間不太起眼的小廁所，但是，少一間，就能帶給家人這麼大的不便。

　　至於一些簡明扼要的敘述，例如：「優質雙車墅」、「電梯雙車豪墅」、「學區景觀樓中樓」、「衛浴開窗」、「主臥開窗採光好」，則考驗孩子的理解程度。

　　「老師，什麼是優質雙車ㄧㄝˇ？」孩子發問。

　　「什麼？」我有聽沒有懂。

　　孩子拿報紙來給我看，原來是別墅的「墅」。孩子不認識「墅」字，但一聽老師「說」出「別墅」，就立刻明白，有聽過別「墅」，只是沒看過這個字。「衛浴、主臥開窗」就比較容易理解，房間有沒有開窗也很重要，例如：廁所若沒有窗戶，洗完澡後溼氣不易散出，牆壁就容易有霉菌產生。講到這裡順便補充說明，沒窗戶的廁所就一定要加裝抽風機（或風扇、暖氣設備等），才能把溼氣快速排空。當然，講到加裝抽風機這部分，已經不是買房問題而是裝潢須知了。這些買房「小撇步」平常都不會出現在課本中，所以在討論時，孩子們都聽得津津有味、興味盎然。

　　房屋空間大小及房間數的需求因人而異，幾房幾廳幾衛這些例子很容易明白，講解完後，每個孩子都能立刻喚起現有經驗，再套用在想買的房屋上。

　　比較特別的是，有孩子買到了「電梯雙車豪墅」，嘖嘖嘖！這豪華別墅沒幾層樓竟然還配有「電梯」，除此之外，還有「雙車位」，果真是「4000萬元」豪宅，好眼光啊！（在我們這樣的小鄉鎮裡，這價位簡直是天價！）

　　孩子討論的期間，我聽到了他們的對話。

　　「我買的是豪華別墅，有雙車位喔！還有電梯，以後我老了就不用像阿嬤一樣辛苦地爬樓梯了，直接坐電梯上去，真是方便呢！」買到電梯豪宅的孩子一臉得意地說。

「電梯？這麼好喔！還有沒有？我也要，我也要！」選了普通房子的孩子好像突然被雷打到，大夢初醒。

「我也要有電梯的房子。」輸人不輸陣，自從班上這個孩子找到了「有電梯」的別墅後，不少孩子就立刻拋棄他們原先選擇的房屋，立刻翻找還有沒有同樣高級的房子，甚至來跟我要更多的報紙（還好我的報紙是無限量供應）。

「開玩笑！買房子怎麼可以買輸人？眼光怎能比別人低呢？」孩子激昂地說。

瞧見這一幕，我不禁心想，孩子們啊！你們是在比賽誰能買到最好的豪宅嗎？彷彿錢會從天上掉下來！看著他們埋首報海中的拚命模樣，我不禁幻想，如果這種熱血沸騰的幹勁可以放在讀書上，那學習成就一定不得了。

3. 車位

一開始閱報，孩子馬上便舉手發問什麼是「車位」？原來小朋友連「車位」都看不懂，我翻譯成「停車位」，這下子全都懂了。買房的差別在於有的房屋沒有附加停車位，有的有車位，大部分都是一戶一車位，比較特別的就會有「雙車位」（當然房價也較高），滿足夫妻兩人都有車的家庭。

自家有房車的孩子們，就會考量要不要買有車位的房子。家中沒車的孩子，那就想像一下未來想不想買車再決定，也有孩子好奇有車位和沒車位到底有沒有差別？

「當然有差別啦！沒有車位，你家的車是要停在哪裡？」家裡有車的孩子回答。

「可以跟別人租車位啊！」有的孩子立即反應，看來應該也是從家裡得知的經驗談。

「車位還不一定想租就租得到喔！」我回答。

PART 2
未來想過的生活

我舉自己的例子，買房時車位早被搶購一空，所以家裡的兩台車在每天下班回家時就要碰碰運氣。運氣好時，一下子找到空位可停車；運氣不好的，車子繞來繞去，繞樹三匝，無枝可棲也是常有的事。後來苦等了好幾個月，總算等到一個車位出租的空缺，又繼續等了好幾個月，才等到第二個缺，總算是租到停車位，這才解決了每天找不到停車位的困擾。但是，租約滿一年後，房東無預警漲價，在車位一位難求之下，只好硬著頭皮接受漲價的事實。

聽完老師的話，原本沒考慮到車位的孩子，又大夢初醒般轉而尋找有車位的房子了。

見到這一幕，我好奇地問，你們確定將來都要買車嗎？

「那是當然的啊！不然怎麼載水某去兜風？」孩子們講得豪爽，似乎買房都要一應俱全，一切就是那麼理所當然！

4. 總價

上述所討論的建坪、格局、車位，每一項都影響到房屋的總價。想要大坪數，那價格一定高。想要房間數多，價格當然也高，車位就更不用說了，只要錢拿得出來，要買幾個車位都可以商量。

此外，報紙上的文字訊息也透露出影響房價的原因還有「地段」、「公設」及「增值性」等等。這類文字訊息如「近明星學區」、「近美術館文藝氣息濃厚」、「近量販店、百貨商圈生活機能佳」、「近捷運站交通便利」、「出門即是公園」、「出動入靜，投資客最愛」、「完善公共設施，頂級享受」、「近輕軌旁增值性高」、「帝王座向，稀有釋出」等，房屋附近的生活機能越高，房價也會跟著水漲船高，以後房子若要轉手，機會也比較大。這些地段、公設、增值性等不外乎是增加房子的附加價值，條件越好，房價越高。這些簡短的訊息有的一看便知，有的需要老師稍加「翻譯」一下，孩子們一邊興致盎然地閱報，大開眼界，一邊也預先打算自己的未來。

買房子是人生中的大事，畢竟它不是一個小額交易，需要探討的部分

是既深又廣，說個三天三夜都說不完。我的教學對象是剛從四年級升上來的 10 歲小五生，更不是真正要出手交易來買房、買車，所以只簡單抓幾個概念討論，太艱深、太細節的部分就不在討論範圍之內了，看準 4 大目標：建坪、格局、車位、總價，對症下藥，了解這些代表什麼意義，買房就不是什麼難事了。

有興趣操作這份學習單者，可視孩子的學習階段及授課時間，另外補充符合年段的項目及社會議題，例如：增加裝潢、中古屋、法拍屋、投資、轉手、房屋炒作、政府打房等多元議題。

買房後的心得

在購屋的過程中，孩子們也發現房價差異之懸殊，那就是「中古屋」與「新屋」的差別。中古屋大約幾百萬元就能入手，新房、別墅、豪宅等就立刻來到千萬價格。

孩子們生平「第一次」見識到真實世界房屋的價格，會是什麼樣的反應呢？

每個孩子都很認真的翻閱報紙選購自己要住的房子，我好奇地觀察著，孩子們都看到房屋的價格了，個個動輒上百萬、上千萬，但是，看到價錢後，孩子竟然都「沒什麼反應」！難道是國小五年級的數學課本到目前為止（五上開學後第二個月），最多只出現到千位、萬位數字的原因嗎？我不停地納悶著。

就連大人見到高房價都會有「咋舌不已」的反應，相反地，孩子們是「一片靜默」，完全無感。該不會是數字太大，大到天價，太遙不可及了，以致於一點感覺都沒有？

在買房的過程中，我發現每個孩子的理想房屋建坪要越大越好、房間數要越多越好，班上孩子所選的房間數最少者為 3 間，「3 房 2 廳 2 衛」是最低需求，更多的是 4 大房、5 大房，甚至還有「7 房 2 廳 3 衛」外加雙車位及電梯（見 P.146 表格內容）。

找到工作後，買房買車，未來想過的生活

【費用估算】

房子	美術館站新電梯華廈 總價 2880 萬 地坪 39 坪 雙車位 電梯華廈 (02)1234-5555	機車	兜風、上班代步
建坪	39坪	功能	兜風、上班代步
格局	電梯	排氣量	125CC
車位	2車位	價位	7萬
總價	2880萬	保險 保養	每月預估：100　　　元
分期 20 年	128800000)÷20=(1440000 每年應繳：1440000　元	分期 1 年	(70000)÷12=(5833月) 每月應還：5833　元
每月 應還	(1440000)÷12=(120000月) 每月應還：120000　元	每月 油錢	每月預估：600　　　元

孩子選了天價的精緻華廈

　　當然，要能夠買這些夢想中的房子，價錢當然不親民，隨便一間都要價上千萬。許多孩子出手闊綽，買豪宅可是超級阿莎力，眉不皺，眼不眨，選購豪宅的眼光仿如鷹隼般地獵物，精準無比，看中了不立刻下手，馬上就會被同學搶走。

　　「我買了 1680 萬元，4 大房雙主臥，有防盜監控系統、氣派又豪華的車庫別墅。」一個孩子分享他的好眼光。

　　「還好吧！我買的是 2200 萬元的『5 房 2 廳 3 衛』有空中花園頂尖地段的房子。」很滿意自己買的房子的孩子說。

　　「那有什麼了不起！我的是 2880 萬元，精緻裝潢的雙車位『電梯』華廈，有電梯耶！」(見上表) 言畢，一臉得意洋洋整個人好像飄了起來。

　　聽到孩子們將房價的高低當成話題來「炫富」，互相比較誰的眼光獨

到，買得最貴；互相比較誰的格局最佳，設施最多。

咦！這畫面怎麼如此熟悉，好像在哪裡看過？

這畫面好像電視機裡面的那些叔叔、阿姨在比較全身行頭，穿金戴銀，比較誰全身名牌，一個皮包幾十萬，全世界限量幾個；誰開名車，全台灣只有幾台；誰又住什麼豪宅，價位億來億去……我們台灣的下一代，與電視機中大人的行為如出一轍。

在還沒實際操作學習單之前，我以為孩子會優先考慮「價錢」，畢竟房價高得嚇人。看完孩子們的購屋選擇後，他們優先考慮「需求」勝於「價錢」，房間要夠多、格局要夠大，也要有車位，一切要應有盡有。如果經濟情況允許，任誰都會希望能依照自己的需求購屋，只是部分孩子買到最後，竟然和同學相互較勁起來，價格非但不是考量的因素，反而是「逆向操作」，越買越貴了。

雖然，我們又不是真的要拿錢出來買，只不過是張學習單，孩子們紙上談兵，過足了當大人、買房子的癮，就像玩大富翁遊戲一般，誰會知道老師的葫蘆裡賣什麼藥呢？（當然不能告訴你們，不然就破梗啦！）

全班閱完報，幾乎把報紙上能找到的豪宅全都找出來了，從建坪、格局、車位、價格他們都一一過濾、比較、分析到最完美之境，我開始懷疑這些原本讓我覺得「沒耐心」、「不識字」、「不會讀書」、「不想讀書」及「看到書就死死昏昏去」的孩子，其實智商都正常得不得了。非但如此，他們還有過人的恆心與毅力替自己篩選出最佳的遮風避雨處。既然如此，這些孩子的學業表現不應該只是「待加強」，應該只是「欠栽培」而已，嘖！為師的我不禁摸摸下巴感嘆著。

房子的分期付款

在學習單中，房子價位的列表下，有一欄是「分期付款」，孩子不知道「分期付款」的意思是什麼？（又是人生頭一遭）

我告訴孩子，購物時可以不用先付清全部的費用，只要按照買賣兩方

約定的期限及每次應該要付的金額，分數次付清就可以了。待我講解完後，孩子們又驚又喜：「這麼好喔！原來買東西還可以不用一次付清。喔耶！買了，買了。」高興得不得了！

喔！我親愛的孩子們，如果買房要一次付清，一口氣就要人拿出上千萬元、上百萬元，那也太強人所難了！你們別忘了，你們買的都是千萬豪宅啊！

學習單操作到這個階段，因為孩子們第一次接觸這樣的學習，既新奇又期待，他們的童言童語、「處處都是驚喜大發現」，讓我也跟著沉浸在他們的驚喜中，原來他們真的什麼先備經驗都沒有，甚至都沒聽過這些購屋的專有名詞。我的課堂期待及大驚喜，其實不亞於孩子，當他們盡情挖掘真實世界的實境時，我也正在探究孩子們到底對這現實社會的了解程度，究竟有多少？

進入分期付款課程

我將房屋貸款設定成分 20 期償還，當然不是只能分 20 期，真實世界中的分期，有的是按照銀行規定的期數，有的是依據自己能力，要分幾期有很多選擇，10 期、15 期、20 期、25 期、30 期都可以。選擇 20 期是想要告訴孩子，買房不是輕而易舉的事情，也不是幾年就可以達成，一般市井小民負擔 20-30 年的房貸也大有人在。除此之外，分成 20 期也是選個整數，比較好計算。

因為房價金額對五年級的孩子而言實在是太高了，光是每次從個位數一個字、一個字用手指頭指著數「個、十、百、千、萬、十萬、百萬、千萬……」就要數個老半天（我特別交代一定要用手或筆指著數，千萬別太相信自己的眼力，「看走眼的人」比比皆是），而且一串數字只要少數到一個 0 或一個數字，失之毫釐，差之千里，這可是幾千萬或幾百萬元的差距啊！「1000 萬」的數字少數到一個 0，瞬間變成「100 萬」。所以計算不得不小心，所有的數字都要一數再數，多看幾眼。

有鑑於五年級上學期第二個月的數學課程中，目前遇到最大的數字大約是萬位（只有少數習題相加乘後會出現超過十萬位的答案，但例子不多）。所以，考量孩子的數學程度及教學時間的限制，我開放使用計算機。

使用計算機之前，一定一定、絕對絕對請孩子們再三確定房屋的價位沒有填錯（少一個數字就差很多啦！）再來進行計算，才不會到最後白忙一場。從這節課開始，就要進入與數學搏鬥的戰場。

減少計算錯誤的撇步

因為 0 實在太多，我請孩子統一將 4 個 0 的寫法改寫成國字「萬」代表，例如：班上有孩子選購 3980 萬元的房屋，這麼多個「0」打在計算機上，小學生出錯的機率「超級高」，不是多一個 0 就是少一個 0，老師千萬別跟自己過不去，教會孩子辨認 39800000 元其實就是 3980「萬」元，一律以「萬」字取代一大堆 0。「3980 萬」比較容易辨識，3980 萬的數字太多，很容易眼花。別以為使用計算機計算看起來很簡單，孩子們極大多數是「第一次」使用計算機（再次是人生頭一遭），計算機在他們之前的生活經驗中，差不多就是個「玩具」，第一次計算就挑戰大數字，雖說使用計算機已經夠省力了，最終一樣算得人仰馬翻。

進入分期付款計算時，還要教會孩子們計算機該怎麼按。以 3980 萬來說，計算機只要輸入 3980 即可，再除以 20（期數），得 199「萬」（同樣以萬字取代 4 個 0），即「一年」要償還「199 萬」元。

當為師的我看到「一年」的房貸竟然要償還「199 萬元」，哇塞！我的媽呀！真的是嚇死人啊！

雖然，計算出來的繳款金額非常驚人，但是，孩子們根本無暇顧及金額的高低，這些驚人的房價數字，對孩子而言，只是數學上的一個小小「計算題」，不是生活中的事，他們一點點感覺都沒有（只有老師被嚇死），況且他們現在像小蜜蜂一樣忙碌，正忙著跟計算機廝殺，一群算不

出來，以及不管算了十幾、二十次，次次答案皆可以不同的孩子，全部圍到我辦公桌旁求救，大家一起與計算機奮戰。

前面算出的 199 萬元是「年繳」金額，還要再細分成「月繳」金額，所以 199 萬÷12＝16.5833333……萬。四捨五入的概念中年級學過了，雖然學過了，但也全部還給他們親愛的老師了，所以除完後順便複習，四捨五入取到個位數字，所以算出的數大約是「17 萬」元。（見左下表）

天…天…天啊！「一個月」的房貸要繳「17 萬」元！

我除了處於驚嚇的狀態中，真不知道還能説什麼。為師的我不禁想了一下自己「微薄」的薪水，真是恐怖啊！對於一般升斗小民而言，一個月能拿出 17 萬元來還房貸的人究竟有多少啊？

不過，犯不著與 17 萬元「大驚小怪」，這還不是班上要價最貴的房屋！

計算房貸月繳結果，高得嚇人

此學習單操作者：
岡山國小 吳承瑋

此學習單操作者：
岡山國小 張豐榛

天價豪宅

那一日，進行買房、買車的學習單活動時，班上有個孩子請病假沒來，他錯過最精彩又過癮的購物課程。等到他隔日到校時，發現大家都晉升成有房有車階級，只有他是無殼蝸牛、徒步一族，看到報紙全部被剪得破破爛爛（豪宅都被大家剪走了），又聽到其他孩子在旁邊笑說：「誰叫你不來上課，都剩下爛房子了，哈哈哈。」底下響起一片笑聲，孩子當場傻眼，呆若木雞。

晚上，我接到那孩子的簡訊，他告訴我房子的事已經搞定了，他說他已經買好房子了。對於因病請假而錯過消費課程，我並沒有要求他補寫學習單，孩子竟然主動寫作業，寫完還聯絡老師，為師的我正大感欣慰之時，順口問了他買什麼房子？

「老師，我買了『帝寶』！」他得意地說。

什麼？「帝寶」？我的天呀！我聞之色變，嚇到快要中風，「帝寶」豈是想買就可以買得起？

我特別上網查了一下，帝寶「最便宜」的一戶大約要價「160,000,000元」，光看到這麼多零，手指頭數也要數半天，「160,000,000 元」也就是「1 億 6000 萬元」。老師發的報紙裡，明明就沒有「帝寶」這種超級無敵的豪宅可選，但是，孩子的心如鐵鑄，雷也打不動。

雖然，在前面的內容中再三強調不管孩子買了什麼無敵「天價」，老師都要有「泰山崩於前而面不改色」的態度，不管看到什麼價位，一定要泰然自若，一定要處變不驚，絕對絕對不可以「打草驚蛇」。

然而，「帝寶」讓我破功了，我忍不住好心地提醒他，「明示」加「暗示」，甚至直接「開示」：「你有沒有錢可以買？帝寶很貴你知道嗎？」

這時，孩子以風雨無阻、堅不可摧，「雖千萬人吾往矣」的堅定態度回答我：

「我！就！是！要！買！」

語畢，旗正飄飄的軍歌響起，孩子的態度如一副槍在肩、刀在腰，熱血似狂潮。國亡家破，禍在眉梢，儼然興起一股挽救沉淪百姓的熱忱。

好吧！好吧！（我的雙手一攤）由於沒有剪報可貼，孩子還自己畫了豪宅。很快地，我就收拾好驚訝的心情，立刻振作，哼！為師的我可是樂觀其成，因為孩子還不知道老師的手中握有奪天造化之法，鬼神不測之術，等到後面的重頭戲一出現，鐵定會讓孩子們驚訝得下巴掉下來，畢生難忘。

就這樣，我像蟄伏深潭的千年老龜不動聲色。

房貸利息計算

當「未來想過的生活」學習單在臉書上瘋傳時，有非常多的網友如潮水般前仆後繼地提醒我「貸款忘了加算利息」，殊不知，這群孩子才剛升上五年級的第二個月，連最基本的「小數」加減乘法都還沒學到（這是五下課程），小數除法要等到六年級才會教。在小數的計算還沒有出現前，百分率就更不用說了，孩子們對利率、利息完全「一無所知」，別忘了，他們才 10 歲、11 歲而已，是貨真價實的「小朋友」。如果說分期付款還要加算利息，那簡直是拿磚塊砸自己的腳，自討苦吃啊！

看到這裡，各位看官應可明白，老師為什麼心心念念希望孩子認真學習，小學階段學的課程就是基礎能力，如果到校學習全部以打混的心態混到畢業，沒有學會基本能力，國中的課程銜接就會出現大問題。當外界看我們「沒算利息」時，其實是孩子們根本還不具備這樣的能力啊！

所以，來學校到底要不要認真學習呢？

前面的分期付款雖然是使用計算機計算，看似簡單，但這樣一路算完買房子、買汽機車、養孩子等，再算出每個月的基本開銷，為了挑戰這些「計算題」，戰況之慘烈，犧牲之無數，孩子和我為了這些「大數字」都快去掉半條命了，要不是有奮戰到底及團體互助合作的精神，怎麼能撐到最後一刻？在這過程當中與計算機「為敵為友」的微妙心情變化，實非外人所能體會啊！

視能力及學習階段提高「數學挑戰力」

想要操作學習單的老師或家長，如果孩子的年齡較高，可以視情況調整學習單的欄位，加入貸款金額、貸款利率、貸款的年限（期數）的欄位計算。購買房屋，房貸的金額普遍都有上百萬（或千萬），二十幾年的利息加總起來也是一筆為數不小的開支。

假設貸款 300 萬元，年利率以 2.5%計算，貸款年限設成 20 年（即240 期），可計算出每月應還款 15879 元，20 年的利息費用共 81 萬 5301 元。買完房子加總利息後，所付的金額則更接近現實情況，在這過程中也可以讓孩子了解到，錢借得越多，送給銀行的利息就越多。這些在計算時都可以一併討論，該怎麼節省利息的支出呢？買房前先存好第一桶金？還是還有其他的辦法呢？

至於要不要教孩子錢滾錢的投資方式，讓收入來源不只是薪水？投資喜好因人而異，投資也絕對不是百分之百的獲益，且投資方式各異，更不是三言兩語就可以說得明白，所以，教學的設計仍應以孩子學習階段的能力再自行進行調整。

順道一提，貸款利率的高低，有時與身分、職業別等相關，各家銀行的利率也不盡相同，如果孩子處在學習程度較高的階段，老師還可以引導孩子上網比對各家銀行開出來的利率，開開眼界，多方比較。

留意政府優惠購屋專案貸款

例如：內政部每年都會主辦「優惠購屋專案貸款」，包含「青年安心成家方案（前兩年零利率）」、「青年首次購屋優惠貸款」、「住宅補貼購置住宅貸款」，甚至還有銀行會配合市政府鼓勵青年於該市就業及定居，還會開辦「促進在地就業青年首次購屋優惠利息補貼計畫」的貸款方案，以健全就業市場，促進地區的產業發展。

如果在購屋貸款這部分想要加強孩子的數學演算能力，上述「青年首次購屋優惠貸款」利率的計算還可以再拆成第一年利率、第二年利率、第三年起利率等計算。

　　這些購屋專案的利率都比一般坊間銀行低，除了讓孩子知道各種金融機構的計息差異，金錢借貸也有不同的期限與利率，了解利率與貸款期限對借款成本的影響，從中培養孩子理財的知識，善用政府的低利率以節省開支，同時明白平日儲蓄對未來生活的重要性。

　　向銀行貸款後，也應該讓孩子明白自己的「理財責任」，知道「按時還款」對自身信用的重要性。同時教會孩子取得資訊的管道，甚至可以帶孩子上網瀏覽一遍，辨別政府開辦的「政策性房貸」哪一個對自己最有利，能分辨優缺點，找到最適用自己的方案，這些都可以讓孩子知道借貸的權利與義務。如果孩子了解借貸的權利與義務，就可以提早懂得金錢的規劃與管理。

　　上述房貸利率的計算不但加進了更多現實生活面向，也讓孩子了解政府還有哪些管道能協助購屋。有朝一日，輪到自己真的要購屋或借貸時，已具有相當程度的先備經驗，學習與未來的生活緊密結合，當孩子知道這些學到的知識在未來馬上用得到，他們的學習動機也就隨之提升。

未來想過的生活 —— 買車

房子買完後，孩子們都很滿意自己的選擇，除了報紙是無限量供應，房產資訊非常豐富，光一天的報紙，房產就多到看不完。

買完房子，問孩子長大後想不想買車？我的作法一向自由不強迫，要不要買車，要買哪種車，跟房子一樣一律自行決定，自己的人生自己負責。不過，沒有人放棄不買，孩子們都覺得汽車就是將來絕對必備的交通工具，都沒有一絲一毫的懷疑，迫不及待要老師快點開始買車學習單的活動，急急急、急得不得了！

關於汽車文字訊息

買車與買房一樣，也是有相關的「專業術語」，差別在於買房的專業術語平日較少聽到，車子的「車款」（廠牌）很多孩子倒是非常清楚，原因不外乎是自家的車，或親戚家的車，或平日聽家長討論、電視廣告強力放送、新聞播報名人買車等消息而得知。

每一種車款都有非常多的車型，考量到授課時數有限，而且我們並不是真的要深入研究汽車，所以課堂上就不贅述各家車型，反倒是許多孩子不但清楚自家的汽車是何種車款、何種車型，還對其他廠牌汽車挺了解，上至家族三代，下至隔壁鄰居及老師開什麼車子都瞭若指掌。

買車資料從何而來？

老師的課前準備就是上網找資料，我進了幾個有關車子買賣交易的網站，以「新舊」做區分，分別找了「中古車款」及「新車款」資料。再以「價位」做區隔，從二十幾萬元至三十幾萬元的中古車，到四十幾萬元至九十幾萬元的新車，再一路往上到一百多萬元將近兩百萬元的名車，每個價位都選了好幾台不同的車款，供學生有不同的選擇。

因為從來沒寫過「買車」這種學習單，課前我只能先猜測孩子們會有什麼樣的反應。當時我的想法是，不見得每個孩子都會想買「最高價」車款，應該也會有孩子想買普通價位的車，甚至更便宜的中古車，所以「中低價位」的車子，也必須一應俱全才行。

以價格區分完後，再篩選出資訊最完整的車款做為我選取的車樣，尤其基本資料如車款、排氣量、總價一定要詳細，才能讓學生有所選擇。最後，我大約挑出了 60-70 台車，一台一台將車子排入 A4 格子內後再彩色列印下來，隔日張貼在黑板上，讓學生自己選擇。

買車，首先要知道要買「什麼樣的車」？

考量學生理解的程度及授課時間的分配，我將買汽車簡單分成了 3 個基本項目，從車款、排氣量、總價 3 方面來評估自己想買何種汽車。

一般網路上的汽車資訊因為受限於版面限制，所以圖片大小、文字說明等都是以最精簡的方式呈現，文字雖然少，卻都是買車最重要的訊息。

1.車款

因為市面上的車款實在太多了，有日系車、歐系車、美國車、國產車……短時間內要分個明白不知道要花多少時間，況且連老師自己都搞不太清楚市面上總共有多少車款，所以介紹時只說明製造國家的差異，至於喜歡哪一個車款、哪一種造型，因人而異，並不代表那一台車是最優良的

車，有時買東西，只是圖個順眼、順心罷了。如果要問老師哪一國製造的汽車最好，我也答不出來，畢竟沒有開過所有車種，無從比較。所以，除了從車款、排氣量、車價來觀察比較外，就用「情人眼裡出西施」法則，以自己看得最順眼的車款造型為主，買得開心就好。

有些孩子早已經從自家或親戚家、媒體廣告上認識各大廠牌的車子，尤其是名車，多數不用老師多言，大家都認識，所以在老師預告要買車時，許多孩子早已想好要挑選什麼車款了，雖然都還沒看到老師張貼在黑板上的汽車名單，但孩子們買車的心早已蠢蠢欲動、各個躍躍欲試了。

2.排氣量

什麼是排氣量？因為這也是買車時考量的重點選項之一，所以就必須告訴孩子什麼是排氣量。

記得以前的模糊記憶，排氣量似乎與車子大小有關，排氣量越大等同車體越大。但是，等到我實際要教孩子什麼是排氣量的問題時，上網查了一下，才發現與我過去的印象相去甚遠，還好有先做了功課，差點誤人子弟。畢竟「買車」這項，從不在師資養成的訓練過程中。

根據維基百科的說明，排氣量是指內燃式發動機在一次完整發動機循環中，吸入的空氣和燃氣混合氣的總體積，通常用 CC 作為單位。但如果以此方式說明，連大人都聽不太懂，孩子又怎麼可能理解。為了消弭過去錯誤的觀念，我很用心地上網爬文，看看汽車好手們有無更平易近人的解釋。看來看去，排氣量最簡單的說法就是「排氣量越大，引擎也越容易發揮力量」。排氣量就好比我們的「肺活量」，肺活量大的人因為換氣交換量較大，「運動機能」也較一般人好（但不是絕對因素），不像我這種「肉腳」，連爬個樓梯都會氣喘吁吁。

所以，聽到老師這麼說，就有孩子回答：「那當然要買排氣量大的啊！就可以耍帥飆車囉！」不過，排氣量大通常耗油量也大，油錢也是一筆開銷。再加上台灣是以排氣量來課「牌照稅」，排氣量越大，牌照稅金相對越高。

3.總價

汽車的總價與上述車款、排氣量兩項有關，要選高檔一點、配備多一些的好車，車價當然也會跟著水漲船高。

車子的折舊速率快，今年買新車，隔年再轉手賣出就變成中古車，價格就往下跌了不少。我告訴孩子，買車不一定只能買新車，買新車通常最初兩、三年都還得搭配「全險」，避免意外發生時可以全額理賠，全險的花費也是好幾萬的開銷啊！如果謹慎選擇，同樣可以選到車況不錯的中古車。

不過，我們又不是真的要買車，買車也不是一門簡單的學問，豈止是這一、兩堂課就可以通透了解？所以要探討到什麼程度，仍然先視教學時間及學生能理解的程度再做調整。

學習單的保險與保養費

學習單上的保險與保養費的預估費用該怎麼填寫？皆需視買新車還是舊車而定。

如果是新車，前幾年車主通常會買全險，所以每年的保險費兩萬、三萬跑不掉。當然，也沒有規定一定要買保險，不過最基本一定會有「汽車強制險」。若是購買中古車，因車子已開過幾年，汽車零件有某種程度的耗損，保養費會隨著零件損壞率高而維修費用增多。此外，不管新、舊車，每年固定要驗車，也必須繳納牌照稅及燃料稅，這些都是擁有車子的基本開銷。這些林林總總加一加，養車其實也是一筆不小的開支。當大家都急著想買車時，有沒有認真想過還有其他額外的支出呢？

增加汽車強制險、牌照稅、燃料稅、驗車費用

如果操作學習單的時間夠多，建議教師及家長可以將汽車強制險、牌照稅、燃料稅及驗車等這些每年必繳的費用增列進去，除了增加數學的演

算，更可了解養車所要負擔的必要開銷，算出來的費用則更貼近現實生活。這些因買車伴隨而來的花費我會在課堂上補充，目的是想讓孩子知道，有時興起「擁有」物品的欲望，雖然只是一個簡單的念頭，但後續還得再多做功課，認真研究是否真的負擔得起未來這樣龐大的開銷？尤其這些開銷都不是區區小額就可以輕鬆解決。在有限的薪資下，要買任何物品都得多方周延考量才行。

關於車子的分期付款

買房子時，便算過一次分期付款，這次，買車一樣也可以分期付款，孩子們聽到又可以分批償還，高興得不得了。在他們目前的生活中都是小額交易，還沒有機會可以體會分期付款的感受，所以在得知連買車也可以分期付款時都覺得很開心。若這種大額交易（尤其是百萬名車）有人可以一次拿出一大筆錢來付清，那財力也太雄厚了！

汽車的總價因為沒有房屋高，所以貸款的期數也會下降。一般來說，償還期數大多會視自己的財力來做分配，有些是應貸款公司的要求，狀況不一。因為是課堂教學，所以我統一將貸款分成 3 年期償還，會設成 3 年償還的另一主因是老師的自身經驗。

畢業後初入社會，因任教學校距離遙遠，必須以車代步，因存款不足必須貸款，當時我的車子就是分 3 年償還，每個月從薪資扣一些錢還款。以自身的經驗出發是想告訴孩子，現在每個人所寫的「未來想過的生活」學習單，其實跟現實生活中的情形一模一樣，學習單內的買屋、買車經驗都是老師自己過去經驗的總和，因為親身走過一遍，所以買房、買車會注意的事項都是買方關注的焦點，學習單不再是遙不可及的想像，完完全全、徹徹底底的貼近現實生活，零距離，無縫接軌，一點都不假。

班級的買車實況

在班級第一次操作這種「買車的課程」，雖然自己也覺得新鮮，但不確定孩子會怎麼選想要的車，但盡量具備每個價位的車款。

待我將購車資料張貼在黑板上時，台下的孩子早已經蠢蠢欲動、按捺不住。等老師一張張貼好，轉過身，看見一雙雙炯炯有神的大眼睛，望眼欲穿。

在我的一聲令下：「開始！」全班就像賽馬般立刻從柵欄衝出，狂奔而上，桌子椅子差點被撞翻。

天啊！簡直大暴動啊！

看到這一幕，自己也被嚇到，沒想到孩子們這麼急著要買車啊！選車的場面真是壯觀，搶購盛況絕對不輸給百貨公司週年慶，萬頭攢動，買氣強強滾。搶購時還得具備快、狠、準的獨到眼光，因為每個價位的車款只有幾台，看準了要趕緊下手，將車子資料剪回去貼在學習單上。

不過，令人納悶的是，明明就有六十台、七十台車，班上每個人買兩台車都綽綽有餘，絕對不會有人「入寶山空手而回」，既然如此，為什麼還需要搶成這樣呢？不過是選個車，老師還得在一旁維持治安，疏散擁擠人群，到底是想要搶什麼啊？

買完汽車，幾家歡樂幾家愁，有的人樂得手舞足蹈、高聲歡呼，有的愁得不得了，究竟是在愁什麼？

「老師，我都沒有買到想要的車？汽車怎麼那麼少台？」孩子過來抱怨車太少。

「不會吧！我準備大概六十幾、七十台車，班上才 27 人，今天還有一個人請病假沒來，只剩 26 人，怎麼可能沒買到想要的車？」覺得不可思議的我回答。

「賓士都被搶走了，我都沒買到……」孩子繼續抱怨。

聽到「賓士」，啊啊啊！唉呦呦！原來孩子想買的是「名車」啊！不會吧！才 10 歲、11 歲小學五年級就這麼識貨喔？

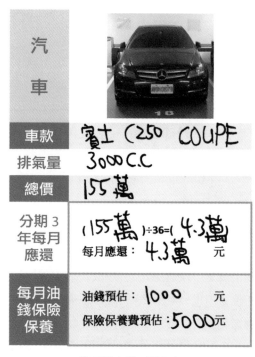

汽車		
車款	賓士 C250 COUPE	
排氣量	3000 C.C	
總價	155萬	
分期3年每月應還	(155萬)÷36=(4.3萬) 每月應還：4.3萬 元	
每月油錢保險保養	油錢預估： 1000 元 保險保養費預估：5000元	

孩子識名貨、買名車

「老師，我有買到我想要的車喔！」一臉得意的孩子神氣地來跟我說。

「你買什麼車？」我問。

「我買到 BMW，很開心，耶！」孩子眼中閃爍著鑽石般光彩，差點閃瞎我的眼。

「為什麼選 BMW？」我戴上墨鏡問。

「我就是喜歡 BMW，因為我舅舅就是開這種車。」孩子回答。

「因為舅舅開這種車，所以你以後也要跟他一樣嗎？」我問。

「沒錯，除了舅舅，我家還有其他親戚也是開這種車。」孩子很篤定地回答。從孩子的回答中推斷，孩子的家族經濟狀況應該相當優渥。

「喔！原來如此，那你的 BMW 要多少錢呢？」我問。

「一百七十多萬元喔！」孩子不加思索地回答。

「一百七十多萬要很多錢，你有這麼多錢嗎？」我又破功了，又忍不住瞪大眼睛提醒孩子要有錢才買得起名車啊！

「我知道啊！但是，我！就！是！要！買！這！種！車！」

聽完我的話，孩子非但絲毫不受影響，好像更加堅定要買名車的意念。有沒有錢買得起，似乎不是考慮的重點。

「那你找了什麼工作？薪資多少？」我又再次破功了，實在忍不住好奇地問，還好，孩子沒有意識到老師為何這樣問。

「我找的工作是『牙醫生』，薪水很高哦！」孩子自信滿滿地說。

「什麼？牙醫師！」我瞪大了眼。

咦？真是奇怪了！老師發的報紙裡根本不可能有「牙醫師」的職業可供選擇，「牙醫師」可是需要「醫學專業知識及技能」，並且通過「國家合格考試」錄取才能成為「專科醫師」，他是從哪裡找到醫生的工作？

「我媽媽說報紙上的工作薪水都很低，網路上的工作比較多，醫生薪水高，我媽媽要我當醫生。」孩子回答。

「喔～這樣子啊！」沒想到竟然有位漏網之魚上網找了醫生的工作！

「所以你認為自己以後一定能當醫生？」我問。

「對！沒錯！」孩子肯定又開心地回答。

「那你這位牙醫師薪水有多少呢？」

「15 萬元。」孩子咧嘴笑得更燦爛了，背後彷彿出現光芒四射的光環。在班上一片 20000 元低迷不振的薪資水準下，15 萬元顯得鶴立雞群。

這位漏網之魚，因為沒有遵照老師的規定使用「報紙」找尋職缺，所以找到了這麼高薪的工作。這就是我前面所強調的，如果開放使用網路人力銀行，孩子就會在「沒有任何學經歷」限制的情況下輕輕鬆鬆找到 15 萬元的高薪工作，反而會讓孩子誤以為這是唾手可得。如此一來，這份學習單的反差效果就會大打折扣，效力減弱。

不過，既然孩子已經選擇了，我就不會質疑或破壞，在我的班級裡，絕對尊重孩子們的任何想法。人生有明顯的目標是好事，能不能達成，終究還是得回到自己能否持續努力的態度上。

我隨意遊走在學生之間，看看他們都買了什麼車，發現孩子買車的價位都偏高，100 萬以上的名車全被搶購一空。張貼在黑板上的汽車資料被剪得七零八落，我湊過去看一下，中古車的行情看衰，只銷出一台。

　　我問了所有孩子，為什麼都要買好車呢？中古車不是一樣也能開？

　　「當然要買新車、買好車啊！中古車是舊車耶！」買到名車的孩子，可是顏面有光、走路有風呢！

　　學習單收回來後，看到那名只花了 26 萬元買中古車的女孩，問了她為何買這麼便宜的車，和大家買的都不一樣。

　　「車子可以開就好了，我家裡也是買中古車，一樣可以開啊！」女孩回答。可見消費的價值觀受到家庭的直接影響，女孩並沒有追隨一般人的眼光及腳步而選擇買更貴的車，難能可貴。

　　隔天，那位請病假的孩子回來了，發現大家已經完成完買車這單元了，黑板上貼的都是昨天剪得殘破不堪的汽車資料，孩子大大大大吃一驚！

　　「昨天我們買得很痛快喔！誰叫你沒來上學，好車已經都被我們買走了。」我聽到孩子們的對話。

　　「哈哈哈，都剩下一些破車了。」另一個孩子附和，接著教室裡響起一片「哈哈哈！」的笑聲。

　　「什麼！我還沒買耶，怎麼辦？」孩子開始頭冒冷汗，緊張了起來。

　　「還有很多車啊！只是，那些都是沒人要的車……」言畢，底下又響起一片笑聲。

　　「喔！我自己想辦法。」請病假的孩子很不服氣。

　　晚上，我收到孩子臉書的簡訊，是那位請病假的孩子捎來的。他跟我說買車的事「不用擔心了」，他已經解決了。我問他怎麼辦到的？他說自己上網找資料，而且已經買到很滿意的車了。

　　「哇喔！這麼認真寫學習單喔！」為師的我真是欣慰啊！

　　當我腦海還在暗自竊喜及欣慰這孩子如此捧場老師所出的學習單時，臉書的對話框立刻跳出一個圖檔。定睛一看，是一台亮紅色的「時髦跑車」！

第一眼看到「亮紅色時髦跑車」時還有點納悶，怎麼代步的工具是「跑車」，「跑車」實用嗎？心裡正犯嘀咕時，孩子加註說明的文字對話框緊接著跳出視窗：「老師，這是 7700 萬元的法拉利。」

　　我的天啊！我的天啊！我的天啊！

　　孩子竟然買了 7700 萬元的法拉利！晴天霹靂！螢幕前，我驚嚇到幾乎被震飛到屋外。

　　「7700 萬元耶！你有這麼多錢？」顧不了那麼多，我又破功了。

　　「老師，我決定好了，我要買這台。」大丈夫一言既出，駟馬難追。

　　「7700 萬元耶！你有這麼多錢？」除了這句話，不知道還能說什麼？只知道我不斷破功，面對 7700 萬元我實在很難做到「泰山崩於前而面不改色」。

　　「對！就是要買這台 7700 萬元的法拉利。」孩子說完，彷彿背後鼓樂響起，張燈結彩喜洋洋，歡慶少爺買到超跑。

　　雖然在網路上無法看到孩子的表情，但感受得到孩子的「心意已決」，一副「捨我其誰」的勇氣與氣魄。

　　這孩子在前面的買房學習單就買了 1 億 6000 萬元的「帝寶」，現在買了 7700 萬元的法拉利，光是買房、買車這兩項就破「2 億元」了。哇喔～我的媽啊！竟然有人買了巨額天價！

　　穩住，冷靜，吸氣，吐氣，吸氣，吐氣，深呼吸，再深呼吸！

　　血壓恢復正常值後，我倒是期待了，當孩子領悟到自己嚴重的月不敷出時，不知道臉會不會變形？

買機車

　　由於住家附近有一家機車行，購買機車前，我先至機車行索取機車宣傳單，宣傳單上列有許多同車款不同色的機車，我在宣傳單上註記老闆告知的價位，隔日將這些宣傳單張貼在黑板上開放孩子選購。如果附近沒有機車行，無法要到宣傳單，一樣可以採用買汽車的方式上網找機車的相關資料。

　　因為每個家庭都有機車，孩子們對機車並不陌生，購買機車比較沒什麼問題，孩子大多看順眼就剪回去。機車的價格因為比房子、汽車低，所以 5 至 7 萬元的貸款期數就以一年（12 期）為主。另外，每月的油錢開銷則請孩子回家詢問自家的狀況，抓一個大概的金額即可。

未來想過的生活 ——
生養孩子與三餐花費

生養孩子

找到工作有薪水後，房子買了，汽機車也買了，金子、房子、車子都有了，要不要娶妻生子、成家立業呢？要不要找個滿意的對象共組溫馨小家庭呢？孩子們升上五年級後，接近青春期的他們，許多人都出現了仰慕的對象，男大當婚，女大當嫁，找個喜歡的對象結婚對他們來說是很正常的，沒有人選擇不婚。既然如此，想像一下自己想要幾個小孩，男的還是女的？

養小孩的費用我分成「保母費用」及「教育費用」。保母費用的估算方式是以「高雄市第四區保母系統」的公定價格為主，保母系統屬高雄市社會局業務，全台各地的社會局之下都有保母系統，一個月的托育費用是13000元（底薪），高雄市第四區保母系統的行情是小孩有吃副食品會再加收1000元，年終獎金每月攤付1000元，所以，一個月的托育金額是15000元。我也告訴孩子，這只是「基本價」，如果要較晚接回孩子，每天固定晚一小時接回，一個月就再加收1000元（托育行情因地而異）。

我想告訴孩子的是，保母的薪資會因為「家長提出的需求不同」而有所調整，也有24小時托育的保母，保母領的不是固定薪水。我也明白告訴孩子，這個托育價位要是和高雄市市區或台北市相比，那簡直是天差地遠。當我聽到住在高雄市市區的朋友說他們托育的底薪是17000元時，我突然覺得住在這「不山不市」的地區也挺不錯的。由於各地的托育費用不盡相同，底薪也不一樣，家長也會依需求的不同和保母簽訂托育契約，所以

操作學習單時還可結合當地行情，自行彈性調整「保母費用」。

　　至於「教育費用」的計算是以高雄市岡山區的幼兒園來計算，一年繳兩次的學費（估約 24000 元），再加上每個月的月費約 7000 元，平均下來一個月大約是 9000 元。當然 9000 元這樣的費用是不可能念雙語幼兒園，上面的保母費用也不是到宅服務型，只能説「保母費用」及「教育費用」相對於許多大都市來説這樣的價格是偏低。

　　如果想為自己的下一代計畫更周全的教育，雙語幼兒園的行情一個月（學費＋月費）平均開銷大約 2 萬至 4 萬元不等，這裡可以讓孩子了解，讀全美語環境的學校收費也真是不便宜，所以養小孩也是一筆不小的開銷。

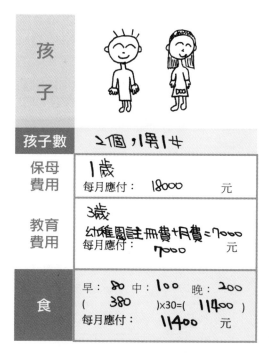

孩子估算生養孩子所需費用
（此學習單操作者：岡山國小 張茹涵）

台灣面臨少子化，我很好奇孩子們未來會想要生養小孩嗎？我探頭四處瞧瞧，許多人都計畫要生，多數人打算生兩個（還想好要一男一女），少部分生一個，也有人要生三個及四個的，大家都認為生小孩是天經地義的事。看到這裡，覺得好險啊！台灣的少子化有救了，孩子們，台灣的下一代要靠你們增產報國了。

　　學習單進行到這裡，原本以為孩子會不知所措，因為自己都還是小孩子怎麼會想到未來要不要生，結果是我想太多，每個孩子都很認真的構築自己未來的夢，雖然只是份學習單，但不管是找工作、買房買車、生養小孩等都像遊戲一樣充滿樂趣，常常下課了還沉醉其中。即便是數學題，大家還是很興奮地按著計算機完成每一項挑戰。

三餐費用

我列出早中晚三餐讓孩子評估一餐要吃多少費用？多數的孩子都有買早餐的經驗，他們的早餐不外乎蛋餅、吐司、漢堡等，再外加一杯飲料或濃湯，大約落在 50 元至 60 元上下。中餐大家認為便當一個約 70 元，再加上一杯飲料或一碗湯約 30 元，所以中餐大家估計 100 元左右。看著孩子早餐、中餐都沒什麼問題，我就讓孩子自行估計晚餐，畢竟吃的費用應該算是生活中的常識。

沒想到，等我再回來看時，大家的晚餐費用明顯偏高，晚餐超過 200 元、300 元的人不少，甚至還有孩子吃頓晚餐要價 5000 元，嚇死我了，這是怎麼一回事？孩子們普遍認為中餐簡單吃一吃就好，因為緊接著下午還要上班，所以中餐以快速方便為主。

這中餐經驗很像孩子的在校生活，中餐用完後馬上要整理環境，推走餐車，擦拭桌面，拖地板，將菜湯桶送回廚房，回來後沒剩多少時間，差不多要午休了，時間緊湊，沒有多餘的時間可以浪費，所以中餐簡單吃即可。但是，晚餐可就大不同了，辛苦工作了一整天，晚餐要好好放鬆，就別虧待自己，所以吃頓高檔餐廳慰勞自己一下。

哇喔！沒想到孩子這麼會替自己安排，晚餐是幫助自己「紓壓」的一餐。但是，一餐 5000 元，這是怎麼一回事？

「請問一餐 5000 元要怎麼吃？會不會太貴了點？」我問。

「晚餐要吃五星級大飯店啊！」孩子回答。喔，這麼會享受！

「不過一餐 5000 元也實在太多了吧（我又破功了）！大飯店自助餐一餐一、兩千元就吃得很好了，5000 元是要怎麼吃？天天晚餐大魚大肉，身體怎麼吃得消？」我緊追不捨地繼續問。

「你們家常去五星級飯店吃飯嗎？」我問。

「沒有啊！我沒去吃過。」原來孩子沒去吃過五星級，難道又是電視的影響？

我講了一堆孩子仍然不為所動，一丁點兒都沒有想要改掉一餐 5000元的意思，我實在忍不住提醒他（再度破功）：

「在我們岡山這小鄉鎮裡，連一間飯店都沒有，高檔餐廳也沒有，百貨公司更沒有，一餐 5000 元要去哪裡吃？怎麼吃呢？兩天就要 10000元耶！（我忍不住拉長音，拉高音）」

孩子聽到10000 元，想想也對，於是勉為其難地擦掉了一個零，一餐「500 元」！

雖然我覺得 500 元仍然太多，但這是孩子的「最後底限」，他擦掉了一個零後就再也不願意妥協。

喔！好吧！好吧！又是個很有個性的孩子，500 元就 500 元吧！算一算，光一個月一個人吃的費用就高達近 20000 元！哇喔！（見下圖）

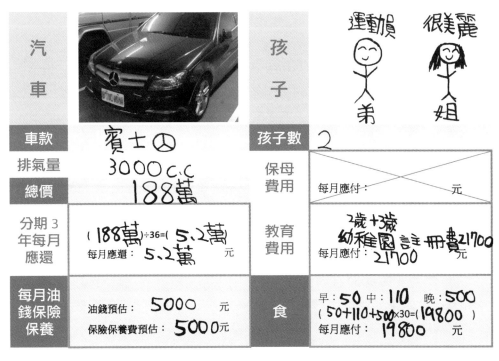

三餐費用估算，每月高達近 20000元
（此學習單操作者：岡山國小　郭鎧銘）

找到工作後，買房買車，未來想過的生活　　　姓名：＿＿＿＿＿＿
【費用估算】

房子		機車	
建坪		功能	
格局		排氣量	
車位		價位	
總價		保險保養	每月預估：　　　　元
分期20年	（　　　）÷20＝（　　　） 每年應繳：　　　　元	分期1年	（　　　）÷12＝（　　　） 每月應繳：　　　　元
每月應還	（　　　）÷12＝（　　　） 每月應繳：　　　　元	每月油錢	每月評估：　　　　元

汽車		孩子	
車款		孩子數	
排氣量		保母費用	每月應付：　　　　元
總價			
分期3年每月應還	（　　　）÷36＝（　　　） 每月應還：　　　　元	教育費用	每月應付：　　　　元
每月油錢保險保養	油錢預估：　　　　元 保險保養：　　　　元 預估總花費：　　　　元	食	早：　　中：　　晚： （　＋　＋　）×30天＝（　　） 每月應付：　　　　元

課程設計者：林晉如

算算看，一個月的 基本開銷

這個單元要算出「未來想過的生活」一個月的基本月開銷，要把之前那張買汽機車、買房、養小孩及吃的費用加總計算。別小看這張學習單，全部的學習單中，就屬這張「一個月的基本開銷」難度最強，耗時最久，錯誤率最高。

怎麼說呢？如果不是親自操作一次，用看的可能覺得很簡單，但那畢竟是從大人的角度去看。對於剛從小四升上小五的孩子，光從前一張學習單看好「每月應還」的數字，再填入這張學習單的格子裡，在這部分就有許多人陣亡。

由於很多孩子很容易將數字看走眼，不是看錯就是填錯格子，只要差一點點，又是失之毫釐，差之千里。有一個孩子的汽車每月應還金額是 2.5 萬元，但是看好了再抄過來時少個「小數點」，少這麼一小「點」，2.5 萬瞬間變成 25 萬元，開銷立刻暴增了 22.5 萬元。

雖然是用計算機加總，但按機算機的功夫又是一大考驗。

班上有幾名孩子算出一個月的基本月開銷竟然高達三、四十億元，真是太太太不可思議了，我來來回回在一堆數字裡檢查了好幾次，這才發現是前一張學習單一開始就計算有誤，問題幾乎都是出在房價。沒辦法，每個人買的房價都是千萬來、千萬去，還有上億的，數字這麼大，縱使有計算機的幫忙，照樣是錯誤百出。

看到這裡，列位看官一定覺得很奇怪，算出了一個月的基本開銷高達「三、四十億元」時，孩子難道沒有覺得「怪怪的」嗎？

喔！親愛的，別懷疑，真的、真的不用懷疑，這些孩子真的沒有發覺一個月花三、四十億元有什麼不妥！（見下圖）

這 27 個欄位到目前為止對他們來說就是「數學填充題」而已。大家光與計算機拚命，就一個頭兩個大，滿頭大汗了，根本無暇顧及那些數字背後究竟代表什麼意思。

「買房買車的費用估算」及「基本月開銷」的這兩張學習單整體來說就是「挑戰數學能力」，如果前一張計算有錯，後面的基本月開銷也就會跟著錯。所以為了不要在黑暗中迷航，我請孩子們算完後兩兩相互幫忙檢查，只要發現疑點立刻重新計算。雖然全部收回來時沒幾人是全對，但至少降低錯誤題數。

「所以，親愛的孩子們，到底要不要認真上課，要不要學好數學呢？連拿計算機都算得歪七扭八！萬一哪天幸運之神降臨，中了上億元頭彩，也要有本事理財吧！」我對孩子說。

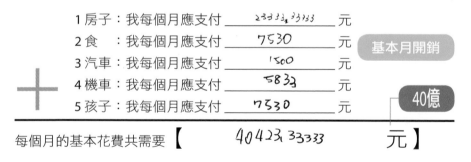

1 房子：我每個月應支付 _____233333,33333_____ 元
2 食　：我每個月應支付 _____7530_____ 元　基本月開銷
3 汽車：我每個月應支付 _____1500_____ 元
4 機車：我每個月應支付 _____5833_____ 元
5 孩子：我每個月應支付 _____7530_____ 元　40億

每個月的基本花費共需要【　40423,33333　元】

孩子算出的每月基本開銷

全班成了月光族、欠債大戶

　　與基本月開銷奮戰數回合後，全班總算得出正確的金額。有了正確的基本月開銷後就可以與之前找的工作兩相比較。我請孩子回來看看第一張「求職學習單」，第一順位的工作月薪能否支付你「未來想過的生活」？

　　當孩子回過頭來看第一張求職學習單，看到兩萬、三萬元的月薪根本不足以支付「未來想過的生活」時，孩子們猛然省悟，驚聲尖叫，尖叫聲如江水翻覆、海水沸騰，張開的嘴巴久久合不起來。

　　他們才知道剛剛拚命算出基本月開銷的用意何在，當孩子發現他們每個月的基本開銷都高達二、三十萬元，甚至還有 280 萬元時（買帝寶及 7700 萬元法拉利的孩子），頭皮發麻、呆若木雞，立刻明白「月不敷出」的道理。孩子們寫著：

　　「算一算我一個月的開銷是 12 萬元，我差一點沒昏過去，我真的嚇傻了……」

　　「我一個月的開銷大約要 19 萬元，飲料店的薪水才 20000 元，看見時我非常震撼。」

　　「我每個月需要 22 萬元才能生活，算出來時我被嚇得半死半活。」

　　「原本我很得意買了一間非常棒的房子，沒想到 25000 元的月薪竟然連房貸都不夠，只要想到長大後養不活自己，我嚇到愣住了……」

　　「我算出一個月基本開銷要十多萬元時，我只是笑一笑，因為有許多人的開銷是我的好幾倍。有人是洗碗工，月開銷竟然要三十幾萬元，真是太奢侈了……」

　　「買房買車的時候真的超過癮，買到跑車時還覺得超帥，很有面子，一個月基本開銷將近二十萬元，我的薪水竟然完全不夠用，太可怕了！」

「我以為薪水 20000 元很多，想說可以過好日子了，沒想到我的支出和收入竟有天壤之別的差距。想起父母有時候會吵架，吵架的原因幾乎都是為了錢，不禁覺得生活真的很不容易。」

「我算算看一個月的開銷是 20 萬元，我看到這數字讓我瞠目結舌，而且房貸要還 20 年，這樣日子會很難過！」

「看完之後的心情，為何房價水漲船高，政府都沒有管理房價嗎？」

「當我看到一個月要花 30 萬元時，簡直晴天霹靂！媽媽老是說我『只會亂花錢，還沒學會賺錢就別亂花錢』，竟然是真的！」

「我每個月基本開銷是 33 萬元，當我看見這個數字時，我嚇到了，我的臉就像聽鬼故事一樣一臉呆掉，全身僵硬……」

「原本以為保全 30000 元的薪水很多，想說可以退休了，所以買了貴死人的帝寶及 7700 萬元法拉利，看到一個月要 280 萬元的開銷我差點吐血。」

學習單操作到這裡，全班都變成「月光族」及「欠債大戶」，就算不吃不喝也無法支付一個月的支出，「沒想到現實生活沒有想像中的容易……」孩子們理想中的生活和現實生活差距極大，每個人都想過著豐衣足食、開名車、住豪宅的富裕生活，但從來沒有想過有沒有能力獨立撐起這華麗的夢想？兩者相去懸殊，每個人都夢碎，大夢初醒。

算算看，你一個月的最少開銷是多少？

買完房、買完汽機車、食、育兒……總結一下，一個月到底應該要付多少錢，才能享有以上【未來想過的生活】？

姓名：

1 房 子	4 機 車

1 房子

每月應還 ___82500___ 元

4 機車

1 每月應還 ___5000___ 元
2 每月保養保險 ___200___ 元
3 每月油錢 ___200___ 元

2 食	

每月應付 ___10700___ 元

第1項＋第2項＋第3項
＝（ 5000＋200＋200 ）
＝（ 5400 ）元

3 汽 車	5 孩 子

3 汽車

1 每月應還 ___25000___ 元
2 每月保養保險 ___3000___ 元
3 每月油錢 ___3000___ 元

5 孩子

1 保母每月應付 ___0___ 元
2 幼稚園每月應付 ___9000___ 元

第1項＋第2項＋第3項
＝（ 25000＋3000＋3000 ）
＝（ 31000 ）元

第1項＋第2項
＝（ 0＋9000 ）＝（ 9000 ）元

1 房子：我每個月應支付 ___82500___ 元
2 食 ：我每個月應支付 ___10700___ 元
3 汽車：我每個月應支付 ___31000___ 元
4 機車：我每個月應支付 ___5400___ 元
5 孩子：我每個月應支付 ___9000___ 元

＋

每個月的基本花費共需要【 138600 元 】

*回來看看第一張求職表，你的第一順位的工作月薪，能夠支付你【未來想過的生活】嗎？

*如果無法支付，請問你有何解決的辦法？薪水和【未來想過的生活】有沒有關聯？薪水如何可以更高？還是欲望如何再降低？怎麼樣可以最好？試著寫出你的解決辦法及想法。

當我寫學習單時，發現了一件令人意想不到的事，我看到許多大學年輕人因為找不到工作而怨聲載道，民怨四起，我覺得很奇怪，報紙上不是有一堆工作可找嗎？我以為薪水 20000 元很多，想說可以退休了，沒想到我的支出和收入竟有天壤之別的差距。想起父母有時候會吵架，吵架的原因幾乎都是為了錢，不禁覺得生活不容易。這麼累的工作（清潔工）薪水 20000 元竟然不夠用。我想到可以兼職，東西堪用就好，盡量買價錢合理耐用的東西，買「需要」而不是「想要」的東西。和父母同住，可以搭捷運或坐同事的車去上班。從現在開始節約及存錢，吃飽就好，不一定要吃大餐，省水省電。

課程設計者：林晉如

算算看，你一個月的最少開銷是多少？

買完房、買完汽機車、食、育兒……總結一下，一個月到底應該要付多少錢，才能享有以上【未來想過的生活】？

姓名：

1 房　子	4 機　車

1 房　子

每月應還 ___170000___ 元

4 機　車

1 每月應還 ___5475___ 元
2 每月保養保險 ___200___ 元
3 每月油錢 ___200___ 元

第 1 項＋第 2 項＋第 3 項
＝（ 5475＋200＋200 ）
＝（ 5875 ）**元**

2 食

每月應付 ___19500___ 元

3 汽　車

1 每月應還 ___45000___ 元
2 每月保養保險 ___4000___ 元
3 每月油錢 ___3000___ 元

第 1 項＋第 2 項＋第 3 項
＝（ 45000＋4000＋3000 ）
＝（ 52000 ）**元**

5 孩　子

1 保母每月應付 ___15000 x 2___ 元
2 幼稚園每月應付 ___9000___ 元

第 1 項＋第 2 項
＝（ 30000＋9000 ）
＝（ 39000 ）**元**

1 房子：我每個月應支付 ___170000___ 元
2 食　：我每個月應支付 ___19500___ 元
3 汽車：我每個月應支付 ___52000___ 元
4 機車：我每個月應支付 ___5875___ 元
5 孩子：我每個月應支付 ___39000___ 元

＋

每個月的基本花費共需要【 ___286375___ 元】

＊回來看看第一張求職表，你的第一順位的工作月薪，能夠支付你【未來想過的生活】嗎？

＊如果無法支付，請問你有何解決的辦法？薪水和【未來想過的生活】有沒有關聯？薪水如何可以更高？還是欲望如何再降低？怎麼樣可以最好？試著寫出你的解決辦法及想法。

　　我一個月的開銷竟高達 28 萬元！大家算出一個月的花費時都驚呼連連，全被嚇傻了。我從沒想過房價、車價竟然這麼貴，實在超乎我的想像，我也曾是看到什麼就吵著想要買的小孩，如今，發現父母養家真的很辛苦，我應該幫忙父母省錢，提升自己的能力，以防以後找不到好工作。等到有第一桶金時再來考慮買房買車，在這之前先努力存錢。高薪的工作不是人人都有，現在也明白了若是不好好用功學習，提升自己的程度，下場會如何。所以我要打好自己的基礎，希望長大是「有能力選擇工作，而不是工作選擇我。」增加自己的能力、專長和興趣，希望從現在開始努力一切還來得及。

課程設計者：林晉如

算算看，你一個月的最少開銷是多少？

買完房、買完汽機車、食、育兒⋯⋯總結一下，一個月到底應該要付多少錢，才能享有以上【未來想過的生活】？

姓名：

1 房 子

每月應還 __207500__ 元

2 食

每月應付 __10800__ 元

4 機 車

1 每月應還 __5500__ 元
2 每月保養保險 __300__ 元
3 每月油錢 __500__ 元

第 1 項＋第 2 項＋第 3 項
＝（ 5500＋300＋500 ）
＝（ 6300 ）元

3 汽 車

1 每月應還 __50000__ 元
2 每月保養保險 __5000__ 元
3 每月油錢 __5000__ 元

第 1 項＋第 2 項＋第 3 項
＝（ 50000＋5000＋5000 ）
＝（ 60000 ）元

5 孩 子

1 保母每月應付 __15000 x 1__ 元
2 幼稚園每月應付 __9000__ 元

第 1 項＋第 2 項
＝（ 15000＋9000 ）
＝（ 24000 ）元

＋

1 房子：我每個月應支付 __207500__ 元
2 食 ：我每個月應支付 __10800__ 元
3 汽車：我每個月應支付 __60000__ 元
4 機車：我每個月應支付 __6300__ 元
5 孩子：我每個月應支付 __24000__ 元

每個月的基本花費共需要【 __308600__ 元】

＊回來看看第一張求職表，你的第一順位的工作月薪，能夠支付你【未來想過的生活】嗎？

＊如果無法支付，請問你有何解決的辦法？薪水和【未來想過的生活】有沒有關聯？薪水如何可以更高？還是欲望如何再降低？怎麼樣可以最好？試著寫出你的解決辦法及想法。

當我看到一個月要花 30 萬元時，簡直晴天霹靂！媽媽老是說我「只會亂花錢，還沒學會賺錢就別亂花錢」，竟然是真的！薪水竟然連房子都付不起，還要吃飯、買汽機車、養孩子，我想以我那微薄的薪水要滿足這些需求根本就是天方夜譚。所以，想要減少開銷，就必須先降低自己的欲望。想要有更好的工作，首先要增加自己的能力。買東西前要三思而後行，先租房，或者是搭乘大眾運輸工具，這樣除了可以減少油錢的花費，還可以為節能減碳盡一份心力。這個活動讓我了解父母賺錢的辛苦，雖然我們不會賺錢，但可以幫忙省錢，減少家庭的負荷。將來等我們會賺錢時，也要好好孝順父母。

課程設計者：林晉如

提出解決之道，全班成了頂客族

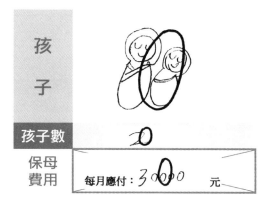

孩子	
孩子數	*0*
保母費用	每月應付： *30000* 元

孩子數改寫為「0」

　　孩子飽受驚嚇，嚇出一身冷汗後，認清了現實的殘酷，大家都處於哭笑不得的尷尬境地，收拾心中複雜的情緒，問題還是要解決。發現薪水無法支付基本月開銷，該怎麼辦？薪水如何可以更高，欲望如何降低，怎麼樣可以最好？我請每個孩子思考解決的辦法。

　　孩子們發現生養兩、三個孩子花費三萬、四萬元的月開銷實在是太大了，紛紛偷偷用橡皮擦將學習單上原本畫著兩、三個可愛娃娃的那一欄擦掉，改寫一個大大的「0」，不生了。（見上表）原本之前還慶幸台灣下一代要靠他們挽救少子化頹勢的我，看到大家都不生，全班變成「頂客族」。

　　「你們怎麼都不生了？原本不是都要生好幾個的？」我難掩失落地問，不禁憂心台灣的未來啊！

　　「自己都養不活了還養小孩？」

　　「先把我自己餵飽再說啦！」

　　「沒想到養小孩真正夭壽貴的！」孩子們毫不遲疑地回答，放棄生小孩，一點都沒有不捨。

　　「爸媽到底是怎麼樣把我養大的呢？」

　　接著孩子提出他們的解決方案：

　　「汽車不買了，改搭大眾運輸工具，還可以節能減碳。」

「房子不買了，跟父母同住。」

「房子可以用租的，以機車代步就好。」

「減少不必要的花費，買『需要』而不是『想要』的東西。」

「省水省電，刷牙時關掉水龍頭，不讓水一直流。隨手關燈。」

「東西堪用就好，買價錢合理、耐用、低汙染的東西。」

「降低欲望，不要看別人有，自己就想買。」

「開源節流，多充實自己各項謀生能力。」

「吃飽就好，不用一定要吃大餐。」

「提升自己的程度、專長、興趣，找更好的工作。」

「先存夠第一桶金再來買房子。」

「雖然現在不會賺錢，但可以幫忙省錢。」

「認真工作，看老闆能不能替我加薪。」

「可以兼職或加班，把剩下的時間拿來工作。」

「找有錢的伴侶。」

每個月的基本花費共需要【 　　　248566　　　 元】

＊回來看看第一張求職表，你的第一順位的工作月薪，能夠支付你【未來想過的生活】嗎？

＊如果無法支付，請問你有何解決的辦法？薪水和【未來想過的生活】有沒有關聯？薪水如何可以更高？還是欲望如何再降低？怎麼樣可以最好？試著寫出你的解決辦法及想法。

①不可以！②解決辦法可以兼職、先存錢、錢存夠有餘裕再買想要的東西。吃花費更少、東西堪用就好、不崇尚名牌、購買價錢合理、耐用、低汙染、可回收及省資源的商品、租房子、搭大眾運輸工具或騎腳踏車、減水費、少開冷氣、跟父母住、找有錢的伴侶、找高薪的工作、薪水如果要高，就要加倍努力、增加專長、減少浪費的不良習慣、養成愛物惜物、平日記帳的好習慣。雖然我不會賺錢，但可以幫忙省錢。

（此學習單操作者：岡山國小 郭鎧銘）

解決辦法1：兼職或加班，把剩下的時間拿來工作

班上有個孩子連跑帶跳興奮地來告訴我，他想到月薪可以達到 70000 元的好方法。

「哦？怎麼辦到的，快教大家。」我說。

「求職我找了三樣工作，只要這三樣工作都做，差不多就有 70000 元的薪水。」孩子得意地說。

「三樣工作？同時間怎麼能做三份工作？你是孫悟空有分身術嗎？」我不解。

「我這三樣工作是不同時間啊！一個是早班，一個是中班，一個是晚班，早班上完接中班，中班上完接晚班。」孩子像發現新大陸似為大家指出了一條生路。

「早中晚都在上班，啊你是不用睡覺喔！」旁邊的孩子發現破綻，立刻戳破了他的異想天開。

許多孩子都想到「兼職」的辦法，想辦法增加收入。「兼職」的確是現今社會上的常態，不少人正職之外還有其他收入來源，或者是選擇加班。想起現在的孩子，每個人放學背起書包不是回家，而是去安親班待到晚上七點、八點，九點的也有，曾經班上還有個孩子是跟著安親班老師十點一起下班，安親班老師收工後順道送孩子回家。

兼職說起來簡單，但孩子很難感同身受。我以簡單的比喻告訴孩子「兼職或加班有點像你們的安親班模式，就是放學了不能回家，需要再去安親班待著繼續努力。」

孩子平日在校已經待 8 小時了，每次放學要去安親班，大家都很不情願。「既然如此，你們還會想要加班或兼職喔？」孩子聽了恍然大悟，原來兼職不輕鬆。

「還有，別忘了喔！要加班或兼職的話，晚上就沒有八點檔偶像劇可以看了哦！」想起孩子們常在下課討論偶像劇劇情。

聽到他們最愛的偶像劇也沒了，不禁狂唉：「好累啊！怎麼賺錢那麼辛苦？」孩子又是一陣唉唉叫。

賺錢辛不辛苦？因人而異。只是，之前孩子們都以為賺錢「易如反掌」，從天堂掉到地獄，反差當然很大啦！

解決辦法2：找有錢的伴侶

「找個有錢的伴侶好了，跟有錢人在一起我就不用煩惱了。」有孩子這麼說。

當我聽到「找有錢的伴侶」時，驚了一下，這話從孩子嘴裡說出時，我覺得該思考的不是孩子為什麼這麼想，而是我們大人帶給孩子們怎麼樣的身教與價值觀。我們的孩子曾幾何時覺得自己的努力不重要，只要將自己託付給有錢人就可以安享下半輩子？聽到這個答案，想起新聞媒體節目常常報導那個誰嫁入豪門，準備當少奶奶；那個誰，娶到企業千金，可以少奮鬥 20 年。這些價值觀的傳遞竟然比教科書的知識更快速、更令人印象深刻，連 10 歲、11 歲的小學生已經內化了這樣的價值觀。

雖然嫁入豪門或被富家千金看上而結成伴侶，不失為一個解決財務的辦法。不可諱言，在現今社會上確實有人抱持這樣的期待。許多人結婚前，會考慮對方的經濟，在麵包與愛情的選擇中拉鋸。就算認分選了愛情，退了麵包，也還得過長輩那一關，長輩要是知道對方經濟狀況不佳，多半還會出言阻撓勸退，就怕孩子婚後跟著受苦。所以，當孩子想要「找有錢的伴侶」時，應該讓孩子思考的是「你有什麼本事讓對方也非你不娶，或非你不嫁呢？」孩子聽完，又是大驚，啞口無言。

孩子因為生活經驗不足，無法預想未來生活的狀況題，他們的解決辦法容易受到媒體、家人或其他未知的經驗影響，有夢是好事，但是應該要務實，將未來寄託在他人身上是個變動性極大且極不可靠的期待，我問孩子：「你有阿拉丁神燈嗎？有神燈僕人隨身在側，幫你實現任何願望嗎？」如果沒有神燈，人生還是務實一點，凡事腳踏實地才為上策。

解決辦法 3：自己替自己加薪

　　學習單完成，全部收回來後，看到有些孩子第一張「求職學習單」的月薪數字似乎被「動手腳」了，面目一新，不過，他們「偷天換日」的把戲很快就被老師識破了。

　　原本寫著「20000 元」的薪資，不少孩子自己替自己加薪，修改成五萬、六萬。班上那位「牙醫師」，原本 15 萬元的薪資已經傲視群倫，但是因為買了 BMW 及超級豪宅，15 萬元的月薪仍然月不敷出，新的薪資一下子竄升到「35 萬元」。（見下表）

　　看著天真的孩子替自己加薪，不禁莞爾一笑，如果我也可以修改自己薪資表的數字，那應該很不錯，哈哈哈。

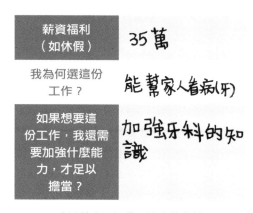

自己替自己加薪，修改薪資數

金錢得來不易，學習謹慎消費

學習單進行到這階段，孩子們了解到無法把所有想要的東西都買下來，因此消費前必須要謹慎思考，未經規劃也未深思熟慮、非理性及不合理的消費只會帶給自己災難。

孩子們決定房子不買，先與父母同住或租房子，等存夠錢再買；汽機車不買了，改搭大眾運輸工具；孩子不生了，有能力照顧好自己再來考慮生孩子。去除掉房子、車子、孩子等這樣的開銷只剩下「食」的部分，這樣 20000 元的薪水還勉強夠用，卻只能填飽肚子，維持基本生活，無法享受多餘的娛樂。而且這 20000 元，還得看是在何地生活，若是在大都會，恐怕連租房子就要去掉一半了。

我也清楚地告訴孩子，老師出的這張學習單並不是「全方位」的設計，食、衣、住、行、育、樂中我只有粗估食、住、行、育這四項，沒有估進「衣」，也沒有「樂」，沒有算入治裝費，也沒有算入看電影、買手機、唱 KTV、到處遊山玩水或出國觀光等娛樂性消費。

孩子聽完，又是大吃一驚，臉色慘白，沒想到 20000 元只能維持基本生活，其他吃喝玩樂都是奢侈。

他們從來沒想過金錢是得來不易的，錢不是從天上自動掉下來，也沒有擁有「神奇提款卡」可以讓提款機的發鈔口無上限地送出鈔票來。當他們抱怨父母不買手機、平板、玩具給他們時，有誰想過錢是如何辛辛苦苦賺來的？

算算看，你一個月的最少開銷是多少？

買完房、買完汽機車、食、育兒……總結一下，一個月到底應該要付多少錢，才能享有以上【未來想過的生活】？

姓名：_____

1 房　子	4 機　車

每月應還 _____ 元

4 機　車
1 每月應還 _____ 元
2 每月保養保險 _____ 元
3 每月油錢 _____ 元

2 食

每月應付 _____ 元

第 1 項 + 第 2 項 + 第 3 項
= (　　　 + 　　　 + 　　　)
= (　　　) 元

3 汽　車	5 孩　子

3 汽　車
1 每月應還 _____ 元
2 每月保養保險 _____ 元
3 每月油錢 _____ 元

第 1 項 + 第 2 項 + 第 3 項
= (　　 + 　　 + 　　)
= (　　　) 元

5 孩　子
1 保母每月應付 _____ 元
2 幼稚園每月應付 _____ 元

第 1 項 + 第 2 項
= (　　　 + 　　　)
= (　　　) 元

+

1 房子：我每個月應支付 _____ 元
2 食　：我每個月應支付 _____ 元
3 汽車：我每個月應支付 _____ 元
4 機車：我每個月應支付 _____ 元
5 孩子：我每個月應支付 _____ 元

每個月的基本花費共需要【　　　　　　　　　元 】

＊回來看看第一張求職表，你的第一順位的工作月薪，能夠支付你【**未來想過的生活**】嗎？

＊如果無法支付，請問你有何解決的辦法？薪水和【**未來想過的生活**】有沒有關聯？薪水如何可以更高？還是欲望如何再降低？怎麼樣可以最好？試著寫出你的解決辦法及想法。

1.

2.

3.

4.

5.

6.

7.

8.

9.

10.

課程設計者：林晉如

學習單

我喜歡我的工作，
大人怎麼看？

　　在前面的閱報找工作活動，我請孩子別把薪資當成唯一考量，畢竟工作占了人生三分之一，甚至超過，若對自己選擇的工作沒有熱情、沒有興趣，工作將無法賦予你人生的意義。雖然努力工作是為了追求更好的生活品質，但是對於無法燃起自己熱情的工作，恐怕永遠也無法提升自身內在價值。

　　看著孩子認真地翻過一頁又一頁的報紙，成千上萬的工作機會，不知道孩子喜歡什麼樣的工作，開學之初，我正好可以從中觀察出孩子的性向、興趣及喜好。孩子們同時也想知道大人怎麼想，「我迫不及待想告訴媽媽我找了什麼工作。」、「不知道爸媽覺得我的工作如何？」。

　　「我選了便利商店店員，因為我喜歡賣東西。」（見以下文字）看到這男孩要當便利商店的店員，覺得再適合不過了，這孩子大方外向不怕生，跟誰都聊得起來，面對顧客，他擁有天生的好條件。

我選了什麼職業？為什麼？
便利商店。因為我愛賣東西
店員

（岡山國小　王彥博）

「我第一個工作找了廚師，因為可以煮飯給媽媽吃；第二個工作是大巴司機，因為學會開車後，我想為媽媽開車，帶媽媽去玩。」

當我從學籍資料發現這男孩來自單親家庭時，一方面心疼，一方面卻也敬佩與他相依為命的媽媽，孩子一定是感受到媽媽滿滿的愛，所以找的工作都以能照顧家人為優先。

現在的孩子能主動想到為家人做事的並不多，多數的父母一肩攬下家裡所有的責任，以致於孩子認為「茶來伸手，飯來張口」是理所當然，這男孩找工作的理由都是「可以為家人奉獻」，這怎麼不叫人感動啊！

我想媽媽如果知道孩子這麼貼心，一定會感到無比欣慰。所以，一下課，我馬上傳訊息告訴家長。

媽媽回覆並告訴我，她從沒想過孩子會想著家裡，她嚇了一大跳，雖然看不到對方的臉，但媽媽一直感謝老師告訴她這件事，想必媽媽也是感動在心。

「我選了保全，因為小時候就想抓壞人，覺得很勇敢。爸媽認為錢太少，又太危險。」

「我選了便當外送員的工作，因為我喜歡到處走走。但爸媽認為我身體不好，怎麼能做這種工作？這工作要到處送便當，太累也太危險了。」

「我選了安親班老師，因為我喜歡小朋友。爸媽看到後說我怎麼選這麼累的工作，薪水又少，安親班老師還會和家長起衝突，你要不要重新想想看，不然去當個小學老師好了。」

「我選擇了洗碗工，因為可以趁老闆不注意時偷玩泡泡，老闆監督時，則用迅雷不及掩耳的速度將疊得像一座小山的碗盤收拾得一乾二淨，讓老闆稱讚我工作效率高，其實他不知道，我常在暗地裡偷玩泡泡，這樣的工作真有趣。爺爺不滿意我選的工作，認為薪水太微薄了。」

PART2
未來想過的生活

我選了美髮設計師，爸媽看到我的職業覺得這太辛苦了，我想跟爸爸講，這是我興趣，我想試試看，說不定我會做得很好。

「我選了美髮設計師，爸媽看到我的職業覺得這太辛苦了。我想跟爸爸講，這是我興趣，我想試試看，說不定我會做得很好。」

——岡山國小　藍昱歆

我選了攝影助理的職業，因為攝影很有趣，我喜歡攝影。我爸媽看到我的職業覺得我的薪水不夠多，因為媽媽說等我長大以後社會競爭力高，物價會上漲許多，以我2萬5千元的薪水是養不活我自己的。

「我選了攝影助理的職業，因為攝影很有趣，我喜歡攝影。我爸媽看到我的職業覺得我的薪水不夠多，因為媽媽說等我長大以後社會競爭力高，物價會上漲許多，以我 2 萬 5 千元的薪水是養不活我自己的。」

——岡山國小　蔡珮渝

我爸媽看到我的職業覺得不可思議，因為我現在還不會煮飯，但是我會做點心給家人吃，我媽媽覺得我應該當美術老師，因為我喜歡畫圖，不過我想當廚師。

「我爸媽看到我的職業覺得不可思議，因為我現在還不會煮飯，但是我會做點心給家人吃。我媽媽覺得我應該當美術老師，因為我喜歡畫圖，不過我想當廚師。」

——岡山國小　邱沛臻

我選了什麼職業？為什麼？
按摩師，因為我喜歡幫人按摩。

「按摩師，因為我喜歡幫人按摩。」　　　——岡山國小　張豐榛

當這個被全班及老師預測為會選電腦相關工作的男孩，出乎意料地說他想要當「按摩師」，三項工作全都是在 SPA 會館。因為這跟我預想的落差極大，所以喚這孩子來問問，聊完後，確定這孩子是真心喜歡「按摩」。

我很高興孩子是在省視自己個性後而選擇工作，課堂上，我也與孩子們討論，有些人天生適合也喜歡與人接觸的職業，例如：腳底按摩、精油 SPA、泰式按摩、全身油壓等都是現代人工作忙碌之餘會選擇的紓壓管道，藉由按摩促進血液循環、新陳代謝，享受片刻寧靜的同時，也能釋放緊繃的思緒，舒緩一天的疲憊。

男孩喜歡這工作，家長的看法又是如何呢？孩子的爸爸認為「做自己有興趣的工作比較重要」，很高興遇到這麼開明的家長，也為這孩子能夠做自己而感到喜悅。

一個星期後，男孩很沮喪地跟我說他要放棄按摩的工作了。我很訝異，不是很滿意所選的工作嗎？而家人、老師同學都大力支持，怎麼突然要放棄？這是怎麼一回事？

「網路上的大人都說我選的工作不好，有人說我三項工作都是『做黑的』，我不知道『做黑的』是什麼意思，這工作好像『並不單純』，我覺得怪怪的。」男孩看到來自四面八方的臉友意有所指的留言，讓他覺得事有蹊蹺，案情不單純，為杜悠悠之口，只好放棄。

理想與現實的差異

多數人小時候應該都寫過「我的志願」，猶記得小學寫的作文「我的志願」，班上許多同學的志願是科學家、太空人、醫生、老師和總統。

為什麼記得那麼清楚？因為小小年紀的我覺得這些志願好困難，總統就只能一位，那麼多人搶著當總統，這簡直是不可能的任務。現在長大了，回想起來，真的人人都想當科學家、太空人、總統、醫生、老師嗎？還是這只是為了「滿足大人的期待」？

在那個保守的年代，寫作文前都要「揣摩上意」，要是沒選個「宏大」的目標，好像很沒出息，前途一片暗淡，思想不正確似的。作文每每寫到最後，還要來個強而有力的結尾才可以拿高分，每個人莫不使出渾身解數要解救「吃香蕉皮、啃樹根、生活在水深火熱的大陸同胞們。」

只是，這些兒時志願真的是發自內心的感受嗎？如果不是，寫了應該只是應付老師交差罷了。記得當時為了「不辜負師長的高度期望」，所以我的志願和同學一樣寫著長大後要當「老師」，這種思想正確、冠冕堂皇的答案絕對可以安全過關。

但是，我內心清楚明白，這志願只是為了「交作業」，以當年眼界狹隘、年幼無知的我來說，除了「老師」這職業，不知還有哪些是大人眼中認同的職業？除了老師這職業我比較熟悉外，畢竟天天與老師在一起，選個會寫的題材才不會為難自己。

所以，當我看到五四孩子們真心實地選擇了他們所喜愛的工作，我真是打從心底開心，孩子不用迎合老師，更不用符合社會期望，只要專注選擇適合自己的工作即可。因為過去我連真心「做自己」都不敢，更別說把它寫進作文裡了。

只是，當孩子如實寫出他們高興從報上找來的工作時，卻被大人們一口否決：你怎麼選這種工作？這工作不好啦！這薪水太少了，根本養不活自己、這太辛苦、太累了、太危險了，要不要考慮當老師？要不要當醫生？要不要再重新選擇，再想一想……

我們大人常鼓勵孩子們多多探索自我，發掘興趣，也告訴孩子對於未來應該勇敢作夢，人生有夢，築夢踏實。但是，卻在孩子冒出一丁點自由的想法時，大人就忍不住以「我是為你好」、「聽我的準沒錯」、「我吃過的鹽比你吃過的米還多」、「我走過的橋比你走過的路還多」，一副「不聽老人言，吃虧在眼前」的態度加以干預及否定。

夢想，人人都有，卻不是人人都有勇氣去追。除了自己的堅持外，有時大人也扮演著關鍵的角色。當孩子一心一意選擇自己喜歡的、想要的，幾次遭到大人的嫌棄與反對，這個不好，那個不好，久了，孩子不管找什麼，大人統統不滿意，統統都反對。

孩子們都是冰雪聰明的，久而久之，孩子會發現自己怎麼想的不重要，重點是大人們怎麼想，我的選擇是大人想要的答案嗎？當他發現照著大人的規定走比較無雜音時，孩子很快就會動搖或放棄自己的想法，只為迎合大人的口味，以大人的想法為想法。如此，孩子還有放手追夢的勇氣嗎？孩子還有機會學習如何選擇及做決定嗎？孩子還有機會學習為自己的選擇及決定負責任嗎？

大人給的包袱與觀念

當社會上批評孩子欠缺思考力、責任感時，責怪孩子變成「草莓族」時，是否也該想想大人是否一直以來的過度保護，讓孩子沒有機會摔倒，沒有機會嘗到失敗後重新來過的機會，導致出社會變成「草莓」，一碰就爛。孩子不管選擇了什麼，都遭愛子心切的大人反對，導致最後變成「啃老族」賴在家不肯出去工作，大人的否定，其實正扼殺掉孩子選擇及做決定的機會。網路上流傳著屢換工作，動不動就抱怨太辛苦、太累、與同事不合，最後寧可窩在家「此處不留爺，自有留爺處，處處不留爺，爺爺家中住」的情形。

曾聽朋友說，他企管碩士畢業後一時找不到適合的工作，為了生活，暫時屈就一份勉強溫飽、薪資 22K 的管理員工作，結果母親聽聞竟然說

「這麼少錢的工作你也做？碩士畢業去當管理員會不會太丟臉了？」後來朋友索性不幹，搬回家裡，留在家裡讓父母養。之後雖然爸媽一直嘮叨碎念，但朋友覺得如果沒有找到高薪工作，讓爸媽感到顏面有光，寧可以「懷才不遇」之姿沉潛在家裡，勝過自尊心受辱。

父母有時愛子心切，希望孩子不要太累，不要太辛苦，苦口婆心力勸孩子回心轉意；另一方面又希望孩子無論做什麼事最好都要能「光耀門楣」，孩子當然讀得出父母的高度期待，問題是，過度不合理的要求或孩子無能力滿足父母的虛榮心時，孩子的內心其實已經受創，在失去家人的支持，有苦又不能說的情況下，難保不會形成心理疾病或家庭、社會問題。

認知神經科學洪蘭教授說：「主控力是個強烈的動機，驅使孩子去探索。如果什麼都是別人安排好了，自己不需用大腦，只要跟著做就好的話，孩子會很快失去動機，變成叫一下，動一下的木頭人。」

有人建議下一個階段的教改就以家長為改革對象好了，讓家長明白自己在教育上的責任，家庭教育其實比學校教育及社會教育所帶來的影響更大。如果父母沒有好好理解自己的孩子，也沒有放手給孩子勇於探索自己的機會及空間，父母將是扼殺掉孩子的天賦，剝奪孩子探索、學習選擇及學習負責任的最大元凶。洪蘭教授說：「船停在港灣裡是最安全的，但那不是船存在的目的。」

讓孩子的天賦自由

孩子的人生還很長，很多孩子的潛能、興趣、悟性還沒真正被發掘出來，孩子現階段選的工作是在「有限的視野」及「有限的生活經驗」下挑個較喜愛、有興趣的工作，並不是將來長大的真正職業，大人應該輕鬆看待。

當大人向孩子反應這工作不好、太累、太辛苦、薪水太少、社經地位太低時，其實正在對孩子複製自己對職業的歧視，也正在複製找工作時的態度。孩子在這樣心態下就算找到工作，恐怕也會覺得工作好累、好辛

苦、錢太少，做一行而怨一行。

許多人小時候那些冠冕堂皇的志願有哪一個真正實現了？誰當成了總統？誰又當成了科學家？音樂家？醫生及老師？

家有幼兒的家長應該不難發現，小孩會今天來跟你說他長大要當洗髮小妹，過一陣子又說不要了，想當歌星；過一陣子又不要了，改換畫家；過一陣子又不要了……當他發現其他更吸引他注意的工作時，馬上推翻舊的，改變主意了。

既然如此，大人就更應該放寬心，孩子只要在大人適當的引導下，隨著生活經驗不斷拓寬視野後，有朝一日必會摸索出自己最有興趣的方向，絕對不會是一選定終身。

春花適合春天，夏荷適合夏天，秋菊適合秋天，冬梅適合冬天，不是每種花都適合在同一個季節綻放，不是每一個孩子都能被期待成為醫生、老師、教授等。

我們該做的是如何發現孩子的天賦潛能，讓天賦自由。讓孩子明白該怎麼做才有「選擇」的能力與權利，將來有能力選擇他想要的工作，而不是為了三餐溫飽而被迫做無意義、不喜歡的工作。教會孩子們提早觀察這些工作的內容，需要什麼條件及能力，想想自己適不適合、能否勝任？還需要加強什麼能力？如何充實自己才能勝任愉快，這才是最重要的。

這世界一直在改變，變幻莫測，每幾年就有新興行業出現，父母不能再用過去十幾、二十年前的想法強加在孩子身上。那些父母認為「鐵飯碗」、「金飯碗」、「有錢途」的行業，十幾、二十年後仍然存在嗎？仍然「框金包銀」嗎？仍然穩定又有保障嗎？

報載幾年後退撫基金有可能會破產，這些大家眼中的鐵飯碗──軍公教，未來很可能拿不到退休金，這些未來會遇到的問題，恐怕是任誰也說不出答案。

父母再強，也無法為孩子遮擋外界一切的風雨與危險，我們應該教會孩子面對挑戰的方法與智慧，放手讓孩子去探索、闖蕩自己想要的世界，增加自己的生存力，而不是擔心孩子吃苦受委屈，就全盤否定孩子的選擇。

職業無貴賤，行行出狀元

因為「未來想過的生活」這份學習單在網路上廣為流傳，大愛電視台除了入班拍攝節目，我也受邀到電視台進行錄影，分享教學心得。所以，終於要搭高鐵了，第一次！

高鐵設站多年，我這鄉巴佬到現在都還沒搭過，連車站長怎樣都不知道，出發前，我開始想像車站應該是什麼模樣。

開車到台南站，進入大廳，買完票，再順便參觀一下廁所，所到之處，天啊！好乾淨啊！這是我踏進高鐵台南站的感覺，到處一塵不染，連車廂的地板都乾淨得沒話說。

我心想，咦？高鐵不是已經很多年了嗎？我不經意以早期對車站舊舊髒髒的印象來幻想高鐵可能會是什麼樣子。

令我印象最深刻的是，廁所竟然比我認知中的五星級大飯店還要乾淨。看到打掃的清潔員蹲在地板上抱著馬桶裡裡外外猛擦猛洗。哇塞！我被嚇到，我從來沒這樣愛護我家馬桶，看到清潔員這麼用心地維護清潔，難怪地板一丁點髒汙水漬都沒有，我以為只有五星級、六星級飯店才能做到這般滴水不漏的程度。

高鐵一進站，旅客魚貫而出，人潮散去，清潔人員立刻在車廂門口拉起繩子，之後快速穿梭在車廂內，他們俐落的手腳，前後左右巡視座位，噴噴擦擦，撿拾垃圾，幾分鐘後，火速下車集合在車廂外。

下一班的旅客又匆匆上車，坐在車上的我，透過窗戶玻璃，仔仔細細打量著他們一身齊全的行頭及整齊的服裝，沒想到高鐵的整潔就是靠這些人，是怎麼樣的專業訓練讓這些人在短短幾分鐘之內讓車廂乾淨而井然有序？客流量這麼大的車站，高鐵竟然能纖塵不染，我不禁由衷地佩服這些清潔員，也一改過去「人多的地方就是髒」的舊有思維。

突然，腦海閃過班上的女孩，她選的工作是「清潔員」，雖然她的家人極力反對這份工作，但她認為自己有潔癖，無法忍受髒亂，看到同學座位凌亂都會忍不住動手收拾，以她的個性及態度，她認為自己絕對有能力可以勝任清潔員這項工作。

　　「我選了清潔員，因為我有潔癖，而且我喜歡打掃，也喜歡乾淨的環境，我也不想看到別人的座位很髒又很亂，所以我就決定以後一定要當清潔員，而且也很符合我的個性。爸媽看到時，他們都非常驚訝，因為他們以為我會選其他的工作，所以他們非常驚訝，雖然他們不支持我，但我還是會按照自己的想法去做。」

　　其實，未來做什麼都好，職業本無貴賤，貴賤在人們的心中自能判斷。雖然家人反對，但先喜歡自己的工作應該比較重要，只有先喜歡自己的工作，才能樂在其中，才會願意付出，也才能將工作效益發揮到最高境界。

　　拉爾夫・愛默生（Ralph Waldo Emerson）說：「熱忱是成功最有力的引擎之一，當你做一件事時，用你所有的力量，投入整個靈魂，這將讓你達到目標，沒有偉大的事是在缺乏熱忱的情況下完成的。」我們的確很少看到社會上有哪位成功人士，是在討厭自己工作的情況下做出一番轟轟烈烈的大事業。

　　如果你熱愛你的工作，那你永遠不用為了工作而工作，做自己喜歡、適合的工作，還有薪水可以拿，不是很棒的事嗎？

我選了什麼職業？為什麼？爸媽看到我的職業有什麼反應？
我選了清潔員，因為我有潔癖，而且我喜歡打掃，也喜歡乾淨的環境，我也不想看到別人的座位很髒，又很亂，所以我就決定以後一定要當清潔員，而且也很符合我的個性。爸媽看到時，他們都非常驚訝，因為他們以為我會選其他的工作，所以他們非常驚訝，雖然他們不支持我，但我還是會按照自己的想法去做。

（岡山國小　李孟玫）

PART 2
未來想過的生活

職業無貴賤，行行出狀元，社會上本來就應該有多元的職業。對工作而言，敬業、樂業、愛業的心應該比較重要。看到高鐵這樣專業的團隊合作，積極運用有效的管理及人才，快速改善環境，怎能不讚賞這樣的工作態度與專業。

　　未來高齡化的社會，老人無法自己整理家務；雙薪家庭忙於工作無暇打掃，清潔公司的前景看俏，這位對清潔工作情有獨鍾的女孩，說不定還可以自組工作室或成立公司，搭上網路行銷創業的順風車，開創屬於自己的一片天空。

　　現在社會上熱門的行業，也許有一天都會消失，與其一窩蜂搶熱門行業，做個平庸之才，倒不如順應自己喜好，冷門中另闢新徑成為熱門人才。

PART 3

震撼教育後，
我看到改變

吃米知道米價

做完「未來想過的生活」的學習單後，發現孩子們普遍有著「眼高手低」的問題，許多人對物質的要求都是高標準，月收入 20000 元，但是一個月的基本開銷卻高達二、三十萬元，班上買帝寶及法拉利的孩子，一個月的開銷更高達 280 萬元。

孩子在買東西前，難道都沒有想過買不買得起這件事？

想起之前屢屢提點自己不管看到孩子買了什麼「天價」，一定要面不改色，絕不打草驚蛇，絕不出言阻撓，卻在真正看到孩子買到「天價」時又忍不住破功。不過，我的好心提醒似乎對孩子不造成任何影響，甚至反倒出現「我！就！是！要！買！」的堅定態度。

孩子才 10 歲、11 歲，他們怎麼知道帝寶，怎麼知道法拉利、賓士、BMW 這些名牌？當孩子們競相追逐這些高檔貨時，彷彿看到大人們的影子，想想，孩子們又是從哪裡認識這些高檔名牌貨呢？多數的孩子們抱持著「我就是想要」的消費態度，卻不知道在現實生活中，很多東西其實要辛苦付出、花錢才買得起。

現今媒體不斷放送最新訊息，名人身上穿的、戴的、住的等食衣住行育樂的行頭，是不是也給了孩子們「學習」與「比較」的機會？尤其現在孩子生得少，和過去物質缺乏的年代相比，每個孩子能分到的資源普遍變多，大環境變好，物質生活提升，家長也願意花、捨得花，如果有能力選，有人願意選次等的嗎？

「眼高手低」只發生在小學生的身上嗎？每個人對物質生活的要求及價值觀不同，這些情況究竟是來自媒體？來自家庭？還是來自你我？我們值得深思啊！

作文「我沒想到的事」 晉如老師的引導

★引導內容視教學情況可彈性調整、自行設計

思考 1. 看到學習單時你有什麼想法？

思考 2. 你找了什麼工作？為什麼？薪資多少？

思考 3. 你的工作需要具備什麼能力？你能勝任嗎？有無危險？需要加強什麼能力？

思考 4. 一個月的基本開銷是多少？你的薪水能否支付你未來想過的生活？

思考 5. 看到房價、車價和生活費用的關連，你有什麼想法？

思考 6. 如果無法支付未來想過的生活，請提出你的解決辦法？

思考 7. 為何要求學？求學是為了誰？求學和未來生活有什麼關連？

思考 8. 現在就要開始努力嗎？還是以後再說？為什麼？

因為孩子生得少，生活所需凡事有求必應，以致於孩子感受不到一絲絲經濟壓力？還是父母覺得向孩子講這些太難了？還是講了等於白講，沒有孩子願意買帳？班上孩子常常丟掉文具，每次看到講桌堆了滿滿的文具，不管老師幾次大力的「賣膏藥」，甚至免費大方送，一樣沒人要。

　　想起每次去逛大賣場，大賣場裡常見的現象是，父母前腳買東西，孩子跟在後腳也一起買，拿得滿滿一車子。孩子很少留意價錢，只知道父母不買給他，便擺臭臉、不高興，或哭或鬧，讓父母當場難堪。

　　孩子從沒想過食、衣、住、行、育、樂要花這麼多錢，他們第一次深刻了解到房子及車子的開銷竟然這麼龐大，甚至每個月必須背負貸款才能擁有，這才驚覺「父母到底是怎麼樣把我養大的呢？」

　　在學習單完成後，我請孩子思考這些「我沒想到的事」，並寫成一篇作文，既然現在「吃米知道米價」，到底該怎麼做呢？之後對消費的態度有什麼因應之道呢？對未來想過的生活有什麼樣的想法呢？只要現在覺醒，一切都來得及。

小朋友這麼說……

　　「當老師發下一些『奇怪』的學習單和報紙時，大家都不知所措，因為這份作業前所未見，但在經過老師的一番解說後，大家才恍然大悟。原來這份作業是告訴我們長大後找工作的方法，為了長大以後，前途能『一片光明』，所以我並沒有草草應付，而是『聚精會神』地完成！

　　我一拿到學習單、報紙，就『埋頭苦讀』了起來，因為我覺得這次學習的內容好有趣！老師要大家找出三樣工作，在這琳瑯滿目的徵才廣告單中找到一份『合適』的工作。哇！真的可以說是海底撈針啊！不過我用我的『撈針之眼』把滿意的工作一一撈上岸，在數以萬計的工作中，我看上的第一項工作便是『清潔員』。

清潔員的工作內容是清理環境，雖然看似簡單，但卻必須很有耐心，且動作要勤快。因為如果清潔員好不容易清理完廁所，又有客人使用，又留下『痕跡』，清潔員又要大費周章再清理一次，要能這樣不厭其煩地打掃可不是件容易的事。於是我想既然工作這麼辛苦，薪水應該不低，但我看了薪水之後，簡直是晴天霹靂，清潔員工作那麼累，薪水卻少之又少，這份微薄的薪水和我龐大的月開銷相比，簡直有天壤之別的差距！唉……希望老闆可以多體諒員工的心情，幫辛苦的員工們加薪！

　　後來老師又帶了一大堆宣傳單，這些宣傳單五花八門，有房產、汽車、機車等，大家都爭先恐後地擠到黑板前，圈下自己夢寐以求的汽、機車……後來算完總價後我大吃一驚，買房、買車等等的總開銷居然要2385萬元！平均下來，我一個月居然要還18萬元！看到這個數字，我的心情有如晴天霹靂，就算我不吃不喝也還不起這筆債！我沒想到的是，房價那麼高，有人傾家蕩產也無法還清這筆債；我沒想到的是，汽機車居然這麼貴，就算我用一個月的薪水也付不起一輛車的貸款！

　　該怎麼省錢呢？省錢的方法不計其數，例如：外出搭大眾運輸工具，水龍頭用省水裝置省錢，買『需要』的東西，不買『想要』的東西，服裝儀容整齊就好，不用追求流行。洗澡時用淋浴取代盆浴。此外，認真工作，表現傑出就有機會加薪分紅。雖然我不會賺錢，但現在要學會省錢。

　　我想我應該從現在起亡羊補牢，正視學習的重要，我認為全世界的人都應該認真求學，不要浪費光陰。感謝老師讓我明白求學的道理，未來才能在高度競爭的社會中生存，成為成功的人。」

──岡山國小　李昀儒

「老師發下這學習單並讓我們看報紙找工作時，我覺得這作業滿有趣的，只是不知道竟然會引起這麼大的轟動。

　　開始閱報找工作後，我找的工作是『廚師』，因為我覺得這份工作可以調配自己的餐點，也可以讓大家吃得津津有味，看見大家開心的樣子我就會很滿足了。但是，想要選廚師的工作就必須要小心，免得被燙到，還有煮飯手腳要快一點，免得客人等太久。

　　老師從美髮院和機車行抱了一大堆求職房產等資料，目的就是要我們『節儉知足』，每次我們都吵著要父母買一些不必要的物品，卻沒想到大人養我們真的非常辛苦。我一個月大概要花 17 萬元，算出來時我嚇呆了，竟然要這麼多錢才能生活。

　　最讓我覺得不可思議的是，房價竟然這麼高，汽機車也這麼貴，我竟然連小孩也養不起，父母到底是怎麼樣把我養大的呢？

　　我從現在起應該認真讀書，讀書是為了自己的未來著想，將來有好工作，才能好好報答父母的養育之恩。最後我要感謝老師設計這麼棒的作業，讓我現在就有很好的『金錢概念』，把握光陰努力學習，將來成為一個有用的人。」

──岡山國小　邱沛臻

　　「當老師發下報紙的時候，我想了很久，我想找我喜歡的工作。寫這份學習單的時候我滿心期待，因為寫完之後就可以跟同學分享，看看他們的工作是什麼。

　　當我們閱讀報紙看到這麼多工作的時候，以為工作很好找，想不通大人為什麼會失業？因為大家都沒有找工作的概念，我也是這樣子。我找的工作是安親班老師、咖啡店店員。安親班老師要教導小朋友學習國語、數學、社會、自然等，要具備的條件就是需要教學專業、工作熱忱。這份工作的困難就是有可能會和學生、家長起衝突，所以如果要當老師還要加強耐心及溝通能力。

　　買房買車時大家都好興奮，每個人都搶著買『最頂級』的東西，

我也不例外。我算完我的基本月開銷之後，我發現，自己居然付不起！光我的飯錢，一個月就要一萬五千多元，這還不包含吃大餐！而汽機車的分期、保養、油錢等全部加起來將近 60000 元，目前加起來都已經超過我的薪水太多太多了，還沒算到買房的部分，就算我不吃不喝也都付不起！

　　我沒想到的是房價竟然會這麼高，我沒想到的是汽機車的價錢竟然這麼貴，而且還要分期付款，我沒想到的是我的薪水 20000 元竟然算少，我沒想到的是我花父母的錢曾是這麼毫不手軟，東西丟掉了故意不拿回來，還要父母再買一個給我。我沒想到的是我竟然連小孩子都養不起，本來還想在小孩的那一欄寫生三個的。

　　我現在要好好求學，有好的學識，這樣才會有較好的未來，就能夠應付下半輩子的負擔了。感謝老師讓我知道要好好努力，未來才能讓父母以我為榮。」

——岡山國小　張文菱

　　「老師說要讓我們從報紙裡找工作，以前沒寫過這樣的作業，第一次寫覺得有點緊張。

　　我選的工作是咖啡廳的員工，必須具備清楚的頭腦，還有能言善道的口才，而且還要小心不要被咖啡燙到。想當咖啡廳員工的原因是因為我有點害羞，我想在當店員的期間磨練自己的口才，以及面對客人的反應能力。工作上若要能獨當一面，就必須增加咖啡相關的知識，還要有敬業的精神，幫咖啡廳賺大錢。

　　一開始我以為找到的工作就已經足夠，因為我沒有金錢概念，其實一個月的收入根本不夠支付一個月的基本開銷。當我算出一個月的基本開銷竟然高達十多萬元，而我的月收入僅有 20000 元，這讓我十分震撼，沒想到房子和汽機車的價錢竟然這麼昂貴，以我的薪水根本負擔不起，所以我想我必須調整我的需要，想辦法增加自己的收入。

要增加收入必須要找到一份好的工作，才可以支付我更高的薪水，這樣才能夠應付我的生活開銷。但是，我覺得這些優良公司的老闆，應該會更嚴格的挑選員工，所以從現在開始要好好努力，累積自己的實力，充實各方面的能力，才能在眾多的競爭者裡脫穎而出。如此一來，我和家人才可以擁有更好的生活品質，也感謝老師讓我們了解努力求學的意義。」

──岡山國小　何雲亞

「老師發了一張學習單，這張學習單的內容是要從報紙中找出喜歡的職業。

閱報時，發現原來找工作有這麼多參考的項目，例如：補習班老師、餐廳店員、公司助理……等，經過一番思考後，我決定當『羊肉店員工』。這工作應該具備的條件是要會打理餐廳及會切、煮羊肉，因為好吃才能讓客人滿意，而且也要會找話題，這樣就可以跟客人打好關係。客人常來，就可以為我們的店賺多一點錢。

這工作的危險性是在端湯的時候會不小心燙到手，甚至打破碗割傷。因為工作需要合作，可以學到團結互助的精神，也可以與顧客成為朋友。如果想要勝任這份工作，就要加強端湯菜的平衡力、手臂力量及煮菜能力，要有敬業精神，這樣才能得到顧客及老闆的肯定。

第二張學習單是要買房、選汽機車，我們買得非常過癮，甚至還怕好東西被同學搶先一步。我選的是豪華別墅，5 房 2 廳 3 衛 2 車位，汽車則是 188 萬元。我的基本月開銷是 23 萬元，看到 23 萬元，我的心臟差點就要從嘴巴裡吐出來，眼睛差點掉出來，因為我根本無法支付，我的月薪僅有 20000 元。

我想應該多加充實自己才能找到更好的工作，以及學會省錢，例如：先租房子，別急著買房子。馬桶改成兩段式省水裝置，用洗米水來澆花，淋浴代替泡澡，少開冷氣，搭大眾運輸工具等等，這些不僅可以省錢，也可以減少地球暖化。

雖然現在的我不能賺錢孝順媽媽，但是，我可以幫忙省錢，不亂買東西，省吃儉用，讓媽媽養家的壓力變小一點。」

——岡山國小　黃麗靜

「老師發學習單時，我的心情很興奮也很期待，但我聽到很多同學說：『什麼！要寫這麼多喔！』、『不知道要寫什麼，寫這麼多很累耶！』

在學習單上一開始找的工作是『聯結車司機』，因為我分到『運輸類』的版面，聯結車司機的薪資很高，有 30000 元，但我卻沒有仔細想過這份工作適不適合自己。經過老師提醒，才把貨車司機改成『病患照顧員』。照顧員這項工作需具備愛心和耐心，選這份工作是因為和理想相同，我喜歡照顧人，要多一點笑容，也要有敬業精神。

老師從美髮院抱了一大堆的報紙，又去機車行要了一些宣傳單，我們買房買車出手超級闊綽，好像貴的東西就是要買，我買了一千八百多萬元的房子。一個月的基本開銷算算至少十幾萬元，算出來時，我只是笑一笑，雖然很震撼，但許多人的費用是我的好幾倍，甚至有人的工作是洗碗工，竟然想買 7700 萬元的法拉利，真是太奢侈了！

我沒想到的是，我曾經把文具借給同學，可是他卻沒有還我，我也不在意。但是，現在我知道這是浪費父母的錢，父母賺錢很辛苦，如果以後有人要向我借文具，我一定要登記。

從現在起我要更努力打拚，讀書是為自己而讀，不是為了老師、安親班老師、爸媽而讀。沒想到老師這麼關心我們的未來。今後，我要為自己的人生負責任，希望未來有好的發展，好的生活品質，還有好的人生。加油！最後感謝老師那麼用心的教導我們。」

——岡山國小　吳庭維

「當老師發下學習單時，我好開心，因為老師出的學習單既好玩又有趣，又帶那麼一點點挑戰性，每次完成後，都覺得很神氣。我沒想到的是，好多電視台的記者來採訪我們，真是太榮幸了！

找工作時，大家都想要薪水高的工作。我選了『攝影助理』，因為我對攝影很有興趣。但是，如果拍婚紗時遇到下雨，雷公閃電會有危險，如果做事笨手笨腳的，可能會搞砸拍攝。我認為做任何事情都要像晉如老師說的，要把自己的『聚光燈』打開、打亮、聚焦，專注去做一件事，才可以把事情做好。

我找的攝影助理薪水是 25000 元，一開始以為很多，因為可以買很多我喜歡的東西。但是，完成學習單後，我一個月的基本開銷要二十幾萬元，薪水才 25000 元，要付房貸、車貸都不夠了，還要養小孩，甚至可能連自己都養不活。只要一想到長大後有可能養不活自己，我嚇到愣住了，自己都養不活了怎麼照顧爸媽？

我從來沒想過，曾經花奶奶的錢毫不手軟，文具故意弄不見，看到文具在失物招領處還不想拿回來，回家跟奶奶說東西不見了，要求重新買一個。我也沒想過，以前和爸媽吵架，只是因為想要買新的東西，但是，家裡明明就已經有這些東西了，我還不滿足。現在，我知道這樣是浪費金錢，下次買東西前，我一定會想好到底是『想要』還是『需要』，別再毫無節制浪費金錢。

以前我都以為出社會後一定會有工作，但是，經過這個學習單之後，發現想要的工作並不好找，我萬萬沒有想到一份學習單就可以讓我知道房子、車子等生活物價並不便宜，而且再不努力可能找不到喜歡的工作，養不活自己。

我應該要改掉喜新厭舊的壞習慣，懂得知足節儉，花錢時要三思而後行。從現在起多幫忙父母做家事，分擔父母的辛勞，把握光陰好好努力，將來才能為自己的未來做選擇。」

——岡山國小　蔡珮渝

大徹大悟,愛物惜物

五年級開學時,三不五時班級就有遺失物出現,失物招領處擺得到處都是。對於這些像無性生殖一樣不斷快速繁殖的遺失物,已經成為嚴重「路霸」占滿了我的講桌,使我頭痛不已。

某一天,男孩很著急的來問我有沒有看到他的藍筆,我沒看到,請他去失物招領處找找。一會兒,他回報說沒有,還是找不到。男孩一副緊張得不得了的樣子,我好奇問他這支藍筆很貴重嗎?是生日禮物還是有什麼紀念性?他說沒有,就是一支「普通」的藍筆。

說實在,當時聽聞我有點驚訝!以前大家文具亂丟,丟了也沒人在乎,問是誰丟的,也沒人願意承認,老師來個「免費大方送」也沒半個人要瞧一眼,任憑文具躺在失物招領處永遠等不到它的小主人。怎麼現在會為了一支「普通」的藍筆找得如此著急?我倒是嚇了一跳。

「問一下同組的人,是不是有人誤拿了你的筆?」孩子常拿錯同伴的用具是很常見的現象。又過了一會兒,他又來了:「全部問過了,都沒有,沒人看到我的藍筆。」快上課了,男孩越說越急。

「那怎麼辦?」我問。

「老師,妳的黑板借我一下。」看來孩子已經想好對策,看到他在黑板上寫下:「7號的藍筆不見了,找到的人請放到他的桌上。Thank you」

看到這一幕,我驚喜交加,對照過去,不管我費了多少唇舌,都無人「頓悟前非」,沒想到完成「未來想過的生活」學習單後,孩子竟然會為了一支「普通」的藍筆著急。說真的,男孩的舉動也讓我頓時驚覺,咦!好像已經很長一段時間沒見到遺失物出現在講桌上。原本講桌上一堆沒有小主人的遺失物,不知道從何時開始,已經消失得無影無蹤了。

哇喔！哇喔！「路霸」全部連根拔除了，我再也不用與那些「路霸」爭地，收復失土的感覺，真是太美好了！

　　「老師，我藍筆找到了，找到了！」男孩興奮大叫，黑板果然有神奇魔力，這樣一公告，藍筆馬上就找回來了，失而復得的藍筆，孩子如獲至寶。

　　在經歷「未來想過的生活」學習單活動後，除了燃起孩子的學習動機，毫無疑問也給了忘記愛物惜物的孩子們一記當頭棒喝，在孩子們明白父母是辛辛苦苦賺錢後，覺悟了自己有喜新厭舊、過度浪費的壞習慣，這些都隨著學習單的完成一併有所改善。

孩子的「尋物啟示」

擁有未來工作的「選擇權」

當每個孩子的基本月開銷動輒十幾、二十萬元，甚至高達 280 萬元，嚴重月不敷出時，他們都嚇傻了，紛紛來向老師求救，怎麼樣可以不要找 20000 元薪資的工作？

「怎樣可以不要找 20000 元的工作？」這應該是時下求職者都想知道的問題吧！

大學畢業生的起薪大約兩萬多元，有些會到 30000 元以上，大學之門廣開之後，滿街都是大學生，學歷貶值的年代，擁有學士學位的薪資也沒有高到哪裡去。報紙上兩萬多元的薪資待遇多數是不限學經歷、不需專業技術的工作（操作技術維修類等除外），一般人只要願意做，多數都能勝任，被取代性非常高。

如果想要要求更高薪的工作，擁有這項職業所需要的專業知識、專業技術、工作經驗、工作態度、熱忱、創意等就會相對提高，因為取代性低，不是想從事的人都有能力可以勝任，通常這樣型態的工作薪資就有機會高一些。

這時，有個孩子突然在一疊報紙中看到某個半版版面登著郵局、警察、書記官、法警的工作，他們拿著報紙來找我，問我警察、書記官、法警等薪水多少？

我接過報紙一看，哦！原來是某間專攻國家公職考試補習班的招生廣告，補習班刊出高普考錄取成績大放異彩的消息，列出了許多狀元及榜眼等優秀考生上金榜的名單。（見下頁圖）

某公職考試補習班的招生廣告

　　沒想到孩子竟然找到了「公職榜單」，這些警察、書記官、法警等公職薪資有多少，我也不知道。我立刻上網查了一下，發現這些公職起薪都有超過 40000 元，薪資還會隨著年資調漲。孩子們聽聞大驚，紛紛抱怨起老師，怪罪我怎麼沒讓他們找這些「好康」的工作？

　　孩子還特別指出郵局寫著「熱烈招考中，起薪 28155 元至 43055 元，福利好。」看到這些工作的薪資是他們找到的工作的兩、三倍，眼睛全亮了起來。

　　我對教學的態度一向是，既然遇到了，就要進行機會教育。

　　我告訴孩子「這是公職，也就是你們聽過的『公務員』。這些職位是要經過『國家考試合格』才能任職的，不是想要就能立刻走馬上任。」孩子很疑惑為什麼警察、郵局、書記官等公職還要考試？他們原以為考試是學生的「專利」，沒想到連出社會找工作還要繼續與考試奮戰！

　　「這是國家挑選人才的方式，要挑到符合政府需求的人才，專才專

用。要當警察也要有專業知能、法律素養、體能技術等，腦筋也要好，反應夠快，不然抓不到壞人怎麼辦？」我說。

孩子們發現公職薪資誘人，忍不住追問要考什麼？

公職要考什麼其實我也不知道，當時正好是下課時間，馬上上網找資料。公職考試的種類太多，科目很細，但我發現不管是考哪類公職，絕對必考科目就是「國文」與「英文」這兩科，有的必考科目還加上法學知識（憲法等），國文還分考作文占60%、公文占20%、國學測驗占20%。

看到國文及英文兩科，我抬起頭來，一派輕鬆，假好心微笑著對孩子們說：「別擔心啊！你們不是已經在學國語及英語了，而且老師已經開始訓練你們的讀寫能力，也教你們閱讀理解的技巧，以後不管要應徵什麼工作，考什麼筆試或撰寫履歷表、公文都不是問題喔！」說完，自己偷偷在竊笑，哈哈哈。

聽完我的話，孩子的臉一陣白一陣綠，尷尬得很，因為他們非常清楚，每次說要努力學習，說要寫日記、寫短文，台下就是一片唉爸叫母，怎麼樣都提不起勁。要是老師太認真晚幾分鐘下課，孩子還龍心不悅；說到寫作文，那反彈力道就更為強勁，唉叫聲簡直可以「上達天聽」，唉到連玉皇大帝都要皺眉頭了。

考試不是學生的專利

孩子們沒想到這些「有條件限制」的公職是需要經過「國家考試合格」，原來不當學生後還是得面對「考試」。除了公職之外，政府對於許多擁有技術性、專業性的技術士，也會透過公平、公正、公開的「專業檢定」，合格者由國家對主管機關頒發「技術士證照」，以證明其所擁有的技術能力、專業知識，作為從業的憑證，並依法在就業時得到某種程度的保障。例如：保母執照、汽車修護技術執照、護理師執照、專科醫師執照、律師執照、會計師執照、建築師執照、藥師執照、導遊執業證、營養師證書，就連「禮儀師」還需先考取「乙級技術士」，外加兩年以上的工作經驗，再修畢大學相關科系20學分等條件才可以取得「禮儀師證書」。

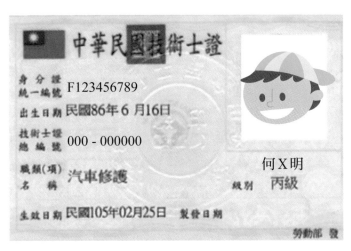

通過專業檢定，核發「技術士證照」

　　考試不是學生的專利，這些通過考試取得的職業證照，代表具備某種職業層次的技術能力及專業知識，技能、知識越專精，面對謀職、晉升、調薪、升遷的機會也會較多。

　　在求學階段，學校教授各階段的基礎學力，其實都是未來的墊腳石。在經過「未來想過的生活」學習單的震撼教育後，孩子們開始意識到這些基礎知識、技能、生活自理能力、與人相處、解決問題、獨立思考、創意等能力都將連結到自己未來的生活。孩子們開始意識到老師常在課堂上說的「閱讀力就是自學力」、「學習力就是生存力」，一點都不假，來學校學習不單只有「讀書」這一件事，學習的態度更是關鍵，未來想要擁有什麼樣的人生，想過什麼樣的生活，終究還是得靠自己創造，自己得對自己的人生負責。

因此，孩子在日記中寫著：

「以前我認為父母賺錢養我們是理所當然的。現在仔細想想，父母總是什麼事都順著我們，這樣一來我們就會以為自己最大，就會開始有公主病、少爺病。父母有時候會吵架，吵架的原因幾乎都是為了錢，所以我們應該好好珍惜父母對我們的疼愛。」

──岡山國小　黃麗靜

「沒想到生活並不簡單，工作不好找，房子汽車也很貴，收入很少，開銷卻很大。若要生活過得更好，除了找一份好工作，也應該把收入跟支出全部計畫好，做好財務管理，收入增加後，才能思考其他的花費。我想我們應該從現在開始好好努力，以前認為讀書是『為了贏過同學』，現在明白學習是為了自己的人生，希望現在開始打拚，一切還來得及。感謝老師教會我們課本上沒教的事。」

──岡山國小　張茹涵

學習單操作至此，我很欣慰孩子的學習不是服膺在教師的威權之下，孩子能夠自己省悟到「學習，是為了自己的人生」，不是為了讓師長高興，也不是為了考試，更不是為了贏過別人，這些打從心底的覺醒，絕對勝過老師課堂上的大聲疾呼。

龍應台對自己的孩子說：「我要求你讀書用功，不是因為我要你跟別人比成就，而是因為希望你將來擁有更多選擇的權利與機會，選擇有意義、有時間的工作，而不是『被迫謀生』。」

蘋果公司執行長庫克（Tim Cook）也說：「別把生命浪費在只求溫飽的工作上，走在對的道路上，工作會賦予你全新的意義，因為人生實在沒有太多時間浪費在沒有意義的事情上！」

學習，是為了將來出社會而做準備；學習，是為了將來能夠在社會上好好生存。教育不是幫孩子做選擇，而是幫助孩子建立「選擇的能力」。不是每個人都要找「有錢途」、「鐵飯碗」、「金飯碗」的工作，只有真心喜歡、適合自己的工作，才會找到工作的意義與價值；只有充滿興趣與熱忱的工作，才有堅強無比的毅力去突破瓶頸、超越自己，每分每秒都能散發出光與熱，「適性而後揚才」。

「以前覺得當學生是最痛苦的事，現在知道當學生是最幸福的了。」孩子說。坐在教室裡學習，遠比艱苦謀生容易多了。我也告訴孩子，把自己照顧好，將來若有餘力，還可以幫助他人。能力越大，能幫助的人就越多，不管未來從事什麼樣的工作，有能力時都要記得回饋社會，助人一把，用自己的光與熱溫暖身邊的人。

未來想要擁有「人生的選擇權」嗎？現在就應該開始努力，蓄積未來實力，還是等出社會後再開始努力呢？很高興，孩子心中已經有了明確的答案。

留意各行各業，
醞釀自己的未來

103 年年底，高雄市如火如荼地舉辦「高雄偶戲節」，正巧岡山皮影戲館安排了幾場偶戲。台灣唯一一座皮影戲館正好就坐落在我們岡山，高雄為皮影戲的重要發源地，雖然孩子們都是在地人，但是，許多人從未踏進皮影戲館，甚至沒有看過皮影戲。

皮影戲劇情多半取自民間流傳的故事和傳說，不但是音樂、美術、舞蹈和戲劇的綜合藝術，同時也是光與影的完美組合，故事常反映民間的人文精神，也兼具濃厚的鄉土趣味。雖然全國僅存的皮影戲團都在高雄，但在時代的變遷下早已沒落，現在已少有機會可以看到皮影戲了。

身為老師，為了傳承珍貴的傳統藝術文化資產，難得「高雄偶戲節」在岡山演出，一定要讓孩子親臨現場觀賞皮影戲。

但是，行前，不免又擔憂了起來。

拜現今科技發達之賜，孩子們身處 E 世代環境中，科技不斷推陳出新，3D 立體動畫、酷炫演唱會的舞台效果、網路連線互動競技的視訊遊戲，各種炫目的媒體聲光娛樂，早撐壞了孩子的胃口。

我猜想他們欣賞完古老樸拙的皮影戲後，會抱怨「好難看啊」、「好無聊」、「沒什麼稀奇」、「還是電影比較好看」等心得。為此，我還特別想好了因應之道，接下來該如何與孩子們討論傳統戲曲的博大精深。

但是，當我看完孩子們欣賞完皮影戲的日記時，我是多慮了！

岡山國小 張茹涵

「老師：從小，我以為皮影戲就是在舞台後動動手就好，直到今天我才發現，原來各行各業的人都是『台上一分鐘，台下十年功』，我發現他們會用有趣的台詞，豐富的肢體動作來傳達意思。今天，看到各式各樣的人偶，我幻想著，以後，我會不會也是站台上的人？三百六十五行都有辛苦的地方，像今天為我們表演的老師傅是抱病為我們表演。行行出狀元，不管是什麼行業都一定會有出路，平時大家都不應該抱怨，因為只要準備好，一定有機會成功。」

——岡山國小　張茹涵

自從孩子們做完「未來想過的生活」學習單，經歷求職找工作，我發現他們看事情的角度改變了，不再是過去那種以「好不好看」、「好不好玩」、「無不無聊」來評論戶外教學。

　　在未親眼目睹皮影戲以前，孩子以為皮影戲只是躲在布幕後面，動動手、講講話就好。但是，欣賞完後，發現操偶師傅會用特別的聲調、逗趣的台詞、豐富的肢體動作來吸引觀眾的注意。藉由投影在薄薄簾幕上的光影變化，傳達了豐富的故事情節，與之前不足為奇的想法大相逕庭。

　　女孩深受感動，體會到「台上一分鐘，台下十年功」。今天操偶師傅能夠站在台上，以精熟流暢的技巧操偶，代表著背後一萬個小時的練習。孩子如果能夠體會到操偶師傅的深厚功力，就會懂得尊敬他，也會懂得尊敬「操偶」這行業。

　　更令我感動的是，女孩發現操偶師傅是抱病前來為他們表演的，因而體會三百六十五行各有辛苦之處，沒有什麼工作是輕輕鬆鬆的。人與人之間若少了接觸的機會，就沒有機會了解；沒有了解，也就不會關心。我想，如果皮影戲師傅知道女孩肯定了他，他精湛的表演甚至帶給孩子這麼大的啟示，一定會為當天抱病演出感到欣慰的。

　　孩子不但享受了皮影戲，也體察到師傅的敬業精神，尤其能有這樣的體會「行行出狀元，不管是什麼行業都一定會有出路，平時大家都不應該抱怨，因為只要準備好，一定有機會成功。」看到這裡，真是令我為之振奮。

　　身為老師，我們不知道何時撒下的種子會發芽、茁壯，每天辛勤的澆灌，不斷地呵護，總是這麼殷殷期盼並懷抱無數希望與夢想，就這樣一日又一日，一月又一月的期待著，等待開花、等待結果。老師的願望不大，不敢奢求多大的回報，也許有那麼一天，忽然傳來孩子的正面回應，對老師的教誨有所感應與成長，內心除了激動，更充滿了驕傲與欣慰。

　　因為女孩的日記，讓我知道「未來想過的生活」已經在孩子心中埋下一顆種子，悄悄地發芽了，如果不是歷經求職找工作，孩子不會深入觀察操偶師傅的工作情形。對於職業的選擇，不是只有世俗眼光認定的鐵飯

碗、金飯碗、有錢途才是好工作，只要是能讓自己散發熱情、散發愛，可以樂在其中的工作都是好工作。

　　我希望先從孩子的身上開始有所改變，能擇善固執地走適合自己的路。只有真正打從心底認為「職業無貴賤」，將來才會有勇氣選擇自己想要的工作，不受制於人，勇敢做自己，快樂做自己，不會受到他人的影響或是依從大環境的期待而隨波逐流；只有打從心底真正熱愛自己工作的人，才能把工作做到最好，即使只是平凡的工作也會展現出不平凡的價值。

　　「未來想過的生活」學習單在網路上暴紅後，電視新聞媒體接二連三入班採訪，接著又有大愛電視台兩度來班上錄製節目、雜誌、報紙專訪等，孩子們對這些平常在電視上、雜誌上看到的媒體並不陌生，但身邊卻缺乏這種職業的人，孩子們都非常好奇記者、導演、攝影、節目企畫的工作內容，看著他們專業的攝影器材、麥克風，每個孩子都好想親自操作一番。

　　因為機會難得，採訪完後，邀請工作人員與我們分享他們的工作情況，除了讓孩子開開眼界滿足欲望，也讓孩子知道，這世界上不管做什麼工作，都是需要努力的。

> 我覺得聽完他們分享後，導演的訪談最令我印象深刻，他說做導演這個職業就是在用「影像說故事」，他也告訴我們許多他的經歷，他也說如果要當導演，在電影製作上要每樣都會，這也讓我發現導要當導演並沒有我們想像中簡單，我也發現不管各行各業，都必須不斷的充實知識，才能獲得更高的成就。

「聽完他們的分享後，徐新權導演的訪談最令我印象深刻，他說導演這個職業就是在用『影像說故事』，他也告訴我們許多他的經歷，他也說如果要當導演，在電影製作上要每樣都會，這也讓我發現要當導演並沒有我們想像中簡單，我也發現不管各行各業，都必須不斷的充實知識，才能獲得更高的成就。」

——岡山國小　何雲亞

想起以前大學填志願時，不知道要填什麼，也不知道這些科系將來的出路是什麼，小時候也不曾想過大人的工作內容。等到長大，面臨抉擇，才驚覺一無所知，應變無方。如果不是從事教職，出社會面臨求職，工作百百種，還真的不知道該如何決定？

當孩子留意各行各業的時候，其實也正在醞釀自己的未來，正視自己志向的發展。

我很高興孩子主動留意各項職業，對接觸到的職業保持高度好奇心，好奇心會帶來強烈的學習動機，一旦發現自己有興趣的事物，連帶也都會一併關注周邊同質性的工作。例如：孩子喜歡導演的工作，他必定會想知道有關攝影方面的事，因為想要拍攝某些畫面，他會希望演員如何配合，就必須要會導戲，他必定要學習及閱讀相關的書籍、觀賞許多電影或節目。在學習的過程中，也許會被剪輯、配樂、社會議題、行銷、寫劇本所吸引，每對一項事物產生興趣，其背後都存有一個無比龐大的資訊及學問入口。也就是說，經由這些發現，能與自己適合或喜歡的工作相遇的機會就會大幅增加。

雖然現在小學生還不具備進入職場的條件，未來要找的工作也還沒出現。但是，現在就應該具備「鷹隼般銳利的眼光」，仔細深入觀察社會上的百工百業，審視自己的人格特質究竟為何，才能從中發現符合自己興趣的工作，提早做好生涯規劃。

孩子捐款買書，成就自己

初接五年級新班，學校來了位新校長，莊燿隆校長一上任立即在學校大推閱讀。莊校長為了讓每班孩子皆能挑戰高雄市喜閱網線上閱讀闖關（闖關題庫由高雄市閱讀教師參考國際閱讀評量 PIRLS 測驗的 4 層次問題模式命題），提出充實班級圖書的想法。於是，學校開始向各班發放捐款單，希望每位家長都能捐款。

很快地，學校募集到購書款項，不但買齊了喜閱網全部的書籍，還能依照黑、白、紅、橙、黃、綠、藍、靛、紫、銅、銀、金 12 層級，發放到適合的年段及班級。五年級的我們發到紫、銅等級的 20 本書。當孩子們拿到屬於班級熱騰騰的 20 本書時，大家的眼睛閃耀著光芒，愛不釋手，馬上啃起書來。高年級的書大部分都是小說、傳記、散文類，每本書大約八、九萬字，《貓戰士》一書甚至高達 14 萬字。

學習動機的出現，支持著孩子們想閱讀的心，在認真閱讀一段時間後，20 本書都看完了，也闖關完成，他們開始注意到其他年段的書籍，希望也可以閱讀五年級以外的書。但是，班上只有五年級的書（紫、銅等級），沒有其他年段的書。雖然網路上有部分的電子書可以看，但是數量不多，更難的是無法克服家家皆有電腦、網路設備的困難，為了滿足孩子想閱讀其他書籍的渴望，老師到市立圖書館借書就是最好、最有效率的辦法。

早在學校還未推行閱讀前，自轉任高年級導師後，我在班上就力推閱讀，學長姐們顯著的閱讀成效及家長們溫暖肯定的回饋，一直是支持著我持續推動的最大動力。尤其是已畢業的學長姐，返校告知閱讀讓他們在國中的學習如魚得水，對學習各科皆有很大的助益。基於此項成果，就算班級缺書，我也要想辦法找書讓孩子們閱讀。

高雄市圖書館有圖書通閱服務，可以線上指定借閱的書籍，書會送往指定的圖書館，我通常都是在網路上找書並借齊，再請市圖統一送到路竹圖書館。放學後常做的第一件事，就是直奔路竹圖書館取書及還書。就這樣，我借書，孩子們閱讀，持續好一段時間，放學後繞路去圖書館，就變成我生活的一部分。

隨著大家閱讀本數漸多，孩子們逐漸朝向喜閱網 120 冊的總冊數邁進。卻發現市圖並沒有提供喜閱網中全部的書，想借也無書可借。加上整個高雄市的小學都可以使用喜閱網線上閱讀闖關系統，同一本書市圖可能只有提供幾冊，卻要供應整個高雄市的小學生借閱。一本書在高雄市流通往往要排隊等候，常常是今天線上排隊預約，一個月後才拿到書。書拿到後，又要抓緊在有限的時間內大家輪流閱讀。

某天，聽說其他班級有家長捐了好幾萬元，一口氣買齊了喜閱網全部的書籍，我和孩子聽聞，震撼不已。

「希望我們班也有家長可以捐錢，能夠買書。」一個孩子偷偷告訴我他的想法。

「真的嗎？你真的這麼想嗎？」我有點驚訝孩子竟然會這樣期待著。

「我們都這樣想，只是不敢告訴老師。」孩子鼓起勇氣說實話。

課堂上，我和孩子們討論了請家長捐款的事，想聽聽大家的意見。孩子們紛紛表達自己的想法，認為只要每位家長出一點點的錢，100 元、1000 元都好，能買多少算多少，就算沒有買齊所有的書也無妨，先從市立圖書館沒有提供的書開始買。

因此，全班達成共識，我很高興，孩子是自己想要看書，不是心不甘、情不願為了配合學校活動而閱讀。在這樣的期待下，書買回來才更有意義。我也開始思考，該怎麼與家長說明捐款買書的事。

隔天一大早，女孩交給我一個信封，說要捐給班上買書用的。

我嚇了一大跳，我都還沒想好怎麼向家長開口，怎麼錢已經捐來了？

心裡不免感動，也謝謝這位家長，老師都還沒宣布，家長就率先支持班級活動並響應捐款。有了這 1000 元，真的很感激，這讓我向家長募款的信心增強不少。面對錢的問題，有時不得不再三考慮，向家長募款有時還會背負一些壓力，因為無法知道每位家長心裡的想法，募款也必須考量家庭經濟，能捐，當然很好；但如果有困難，會不會又讓家長左右兩難？尤其了解到班上多數是小康家庭，所以，我先和孩子們約定，不要給父母壓力，有多少算多少。

中午，批閱聯絡簿時，看見女孩的媽媽在聯絡簿留言，告知孩子「捐出自己的獎學金及零用錢共 1000 元，希望能為班級買書。」

原來，這 1000 元是孩子的錢，不是家長的。女孩竟然捐出自己的錢，只為了要替班級買書！

這消息震撼海宇，當我告訴全班這件事時，所有孩子都面露驚訝的表情！說到捐款，向來都是家長的事，小孩子會有多少錢？就算有錢，大部分也是慢慢累積而來的，不管是獎學金或是零用金，都是得來不易，願意一口氣貢獻出來，我只能說這種情形很少見。或許孩子們也從未遇過，所以他們的震驚不亞於我。

1000 元或許只能買幾本書，但這背後更重要的意義在於孩子是發自內心「想要閱讀」的態度，以及想要「班級共好」的決心。尤其在看完孩子寫的日記，更是感動不已。

我想捐款買書的想法

「那天，聽說別班有家長捐款，所以能夠買齊喜閱網所有的 120 本書。當老師說的時候，我看到大家眼中的期待與羨慕。如果我們班也有書，晉如老師就不用天天上網預約排隊借市圖的書，老師也不用常常放學趕去圖書館借書還書，更不會因為同學把書搞丟讓老師賠錢。

回家後，我和媽媽商量，決定捐出我的零用錢和獎學金，這樣我們就能有更多的資源，我很感謝媽媽支持我的決定。

大家其實都希望班上有書，但是我們沒有錢，現在有了這筆錢，雖然不多，但能為班上盡一點心力，我也很開心。」

——岡山國小　張茹涵

我想捐款買書的想法

那天，聽說別班有家長捐款，所以能夠買齊喜閱網的一百二十本書。當老師說的時候，我看到大家眼中的期待與羨慕。如果我們班也有書，晉如老師就不用天天上網預約排隊借市圖的書，老師也不用常常放學趕著去圖書館借書還書，更不會因為同學把書搞丟讓老師賠錢。

回家後，我和媽媽商量，決定捐出我的零用錢和獎學金，這樣我們就能有更多的資源，我很感謝媽媽支持我的決定。

大家其實都希望班上有書，但是我們沒有錢，現在有了這筆錢，雖然不多，但能為班上盡一點心力，我也很開心。

PART **3**
震撼教育後，我看到改變

女孩捐款的舉動感動了大家，孩子發現與其等待大人幫忙，不如效法女孩捐出自己的零用錢，積少成多，大家一起共好、一起成長。就這樣，女孩成了班級表率，在徵得父母的同意後，其他孩子也紛紛跟進。看到這一幕，我真的是打從心底感到驕傲與欣慰。

我對同學捐款買書的看法

　　「因為我們班礙於經費問題，無法像其他班級一樣有充足的書籍可以閱讀，沒想到，前幾天班長竟然自掏腰包捐了 1000 元，原本老師以為是家長捐的錢，詢問後才發現其實是班長捐出她的獎學金及零用錢。

　　班長這一次捐錢的行為，讓我十分佩服，因為她沒有用這些錢買她想要的東西，反而捐給我們買書，我們應該向她看齊。

　　她這一次拋磚引玉的行為，一定能讓我們班得到更多的資源，我深受感動，所以我也決定要捐出自己的零用錢，一起支持班級閱讀。」

——岡山國小　何雲亞

　　班親會時，我將這故事告訴家長，孩子們自己想要閱讀，想要成就自己的決心是多麼令人振奮啊！家長看到自己的孩子從不愛閱讀，到現在為了想要看書，甚至捐出自己存了許久的零用錢。

　　看見台下家長的眼眶泛著晶瑩的淚，我知道，是孩子們的進步與決心感動了家長。會後，家長們二話不說立刻響應了捐款活動。

　　就這樣，捐款的錢源自於女孩，跟著改變了其他孩子，並牽動家長將支持化為實際行動，提供五四最堅強的閱讀後盾。

孩子們紛紛捐出自己的零用錢

乘勝追擊，創造讀寫雙贏

教學過程中，最讓老師感動的莫過於孩子們熱愛學習，主動求知的強烈渴望，讓老師覺得教書生涯充滿意義，教師的存在有了價值。

全班做完「未來想過的生活」後，原本學習態度低迷不振、「昏迷不醒」的孩子，彷彿被注入一劑超級強心針，已止息平靜的心電圖曲線，立刻興致高昂地開始跳動，個個精神煥發，神采飛揚。哇！孩子們對學習重新燃起了強大無比的高昂鬥志。

「未來想過的生活」活動結束後，才真正是學習的開始

為了呵護好不容易燃起的小小火苗，一定要想辦法讓這「小小火苗」變成「熊熊烈燄」，絕對不能因為一時的感動而自滿、疏忽，如果做完「未來想過的生活」學習單，後續沒有充分運用時勢，缺乏持續及引導的力量，最終一定會走上「後繼無力」的窘況。這強大學習動機的小小火苗就會「噗～」一聲熄滅，就像那令人目眩神迷、繽紛燦爛的煙火一樣，在眾人驚嘆讚美聲後，煙花冷卻，倏地消失而功虧一簣。

好不容易「民心已順」，老師必定要乘勢取天下。看得出每個孩子眼中的期待，這是開學以來，第一次讓我覺得孩子在課業上「精神大振」，每個人對課堂教學莫不摩拳擦掌、躍躍欲試。既然如此，我就要好好規劃孩子在校的作息，充分利用每一分每一秒，時間珍貴，容不得隨意浪費。

學習過程就像是馬拉松比賽一樣，一開始逞勢遙遙領先是沒有用的，「未來想過的生活」活動結束後，才真正是學習的開始。

每屆新接五年級，就是驗收孩子們一到四年級綜合能力的大考驗，如果中、低年級的國語、數學等科目沒有紮穩根基，隨著高年級的課程難度逐漸提升，孩子們就會倍感學習壓力。若是「先天不足」，老師就要有「後天調理」的強大本事，這可是考驗著高年級老師的耐力與智慧啊！

五上開學之初，我以過去他們常見的閱讀心得學習單來試試水溫，讓孩子自己挑選故事書並撰寫閱讀心得。學習單收回來後，我仔細地看了每一張，在如此薄弱疲乏的學習動機下，沒有幾個能寫出豐富的文采，超過「半數」的孩子閱讀心得只寫了兩句話，心得不外乎是「這篇故事很有趣，很不錯」、「我覺得很好看，想再看一次」，甚至一個孩子只寫了一個「好」字就交出。

我喚了只寫一、兩句的孩子來關心一下。

「看完一本故事書應該會有很多想法，要不要再想一下？」我問。

「嗯……乀……嗯……就是很好看！」孩子皺著眉頭擠出答案。

「然後呢？」我追問。

「沒了。」孩子回答得乾淨俐落。

「可以跟老師分享一下故事在講些什麼？」我問。

「嗯……乀……嗯……不知道耶！」孩子兩手一攤並聳聳肩。

常常課堂上拋出問題，隨便點個孩子回答，聽到「不知道」答案的機會很大。孩子看起來沒什麼自信，眼神黯淡無光，也不知道到底有沒有聽懂，似乎完全沒思考就反射性地回答「不知道」。在老師給了線索提示後，希望孩子分享生活經驗，卻仍然無法舉一反三，當然，也就遑論更深刻的思考及探究了。

我立刻做了民調，發現九成以上的孩子沒有閱讀習慣，他們下了課後多數都是待在安親班、補習班或才藝班裡，所有時間都被大人安排好。沒去安親班的孩子，放學後最常做的事及最喜歡做的事就是「看電視」及「打電動」。

如果他們的家庭無法提供孩子多元的生活經驗，這些少了閱讀、少了戶外活動、少了美感經驗、少運動、少與人互動、少文化交流、少環境刺激的孩子們，要怎麼提升常識、開闊視野呢？

閱讀能力是所有學習的起點，也是終身學習的基礎

在教學現場的教師都不難發現，閱讀能力低弱的孩子多數會在學習上遭遇困難，孩子沒有真正理解教科書的內容，只是硬背、硬記下來以應付考試，考完就忘，孩子還是無法有效解決學習遇到的難題。閱讀不足，不僅無法寫出好文章，有時就連清楚表達自己意思的能力也不足。

為了能夠盡速拉齊全班水準，提升能力，方法無他，首推「閱讀」！

所以，「閱讀」就成了我改造班級的重要目標，我希望班級的孩子可以藉由提升閱讀能力，帶動學習效果，提升寫作、表達等能力。

閱讀能力強的孩子在閱讀艱澀的文章時，懂得以自己的方式去了解、分析、整理；相反地，閱讀能力低弱的孩子閱讀時，卻都看不懂文章脈絡和結構。這個「有讀卻沒有讀進去」的現象在中、低年級症狀還不太明顯，等到文字內容變多的高年級開始，問題就會一一浮現，且越來越明顯。當學習內容越來越困難，孩子就越排斥學習。

一旦家長發現孩子成績沒有提高，自然就想到補習班，希望在補習班的惡補之下可以追上進度。但是，若是在閱讀所該具備的詞彙量、理解力、歸納能力、推理能力、邏輯思考力、想像力、創造力、批判思考能力、解決問題能力、專注力等缺乏的情況下，補習只是讓孩子背負更沉重的壓力，而家長的錢就好像丟進無底洞一樣，永遠也填不滿。

使出渾身解數，用力推廣閱讀

為了盡速擺脫五四孩子們「文化沙漠」的現象，建立孩子們的閱讀習慣自為當務之急。

每天的早自修都是我和孩子們的「晨讀時間」，陪著孩子們一起閱讀，鞏固實行閱讀的信念。

許多孩子過去沒有閱讀經驗，理解能力非常薄弱，為了讓孩子勇敢踏穩第一步，我不急著提供享譽文壇的文學作品，也不提供五年級必讀的優良好書（這種厚書多半超過十幾萬字，連大人都未必啃得完）。五年級的第三個月，若是急於「餵飽」孩子，想收立竿見影之效，反倒加速打壞孩子的胃口，重挫閱讀信心。

首先，我刻意降低文章的難度，先「誘拐」孩子進入閱讀園地，讓他們知道只要願意踏進來，這一切並不難。

我開始蒐羅各版本的「中年級」及「低年級」國語教科書，從中選出吸引人的好故事，重新打字排版並設計成閱讀學習單。中低年級的國語課文字數較少，故事中的人、事、時、地、物明確，較容易分析歸納出故事的背景、原因、經過、結果，一旦抓到這大方向，就可以再從中細分出主角遇到的困難，找出解決問題的辦法，發現文章內容的結果、帶給自己的迴響等等，甚至再發展成小組討論或口說發表。

這些中年級的好文章，少部分人有印象，多數人已完全不復記憶，這都無妨，我們甚至還多學了其他版本的好文章，不管是舊課文還是新課文，我都一步步引導，帶領孩子抓取「重要而有意義」的關鍵句，不斷強化故事的基本結構，讓孩子重新感受文章新魅力。

我一邊從中低年級國語教科書訓練起，一邊也從大量的繪本入門，這些圖文並茂又有趣的故事，很容易吸引孩子的目光，就像一把開啟閱讀的鑰匙，孩子一旦對閱讀產生成就感，就會替自己帶來信心。有了信心，老師就可以按照學生的學習成效循序漸進，慢慢增加深度與廣度。

既然要長期推廣閱讀，最重要的是讓孩子先有顆接納的心比較重要，不急於一時的成就。老師只需要有無比寬容的海量，接納孩子在攻上山頂的過程中失敗、跌倒、受傷、犯錯，或許一切不盡完美，或許進步非常緩慢，甚至蝸步，但只要孩子保有強烈的學習熱忱，進步及成功就指日可待。

讓閱讀與快樂連結

　　每天來學校，天天關在教室裡，高年級一天要待在學校 8 小時，有時候待在教室久了，感覺都飄出「霉味」，可能連大人自己都覺得「乏了」，更何況是正值活潑好動年紀的孩子？

　　既然連大人都受不了，也沒人規定上課一定要「正經八百」端坐在教室內，再不出來透透氣，變換五官感受，腦袋都快要鈍了，筋骨也快要鏽了。

　　「下一節課我們到教室外去上課。」我對孩子們宣布。

　　「哦耶～哦耶～太棒了！」全班歡聲雷動。對孩子來說，只要能離開教室，上什麼課都可以。

　　先將我的原則說明清楚，離開教室的目的是要換個環境學習，這次表現好，就會有下一次。孩子為了能「呼吸新鮮空氣」，配合度超高。當孩子發現可以自己決定活動地點時，眼睛都亮了起來。隔日，孩子的日記寫著：

　　「昨天的閱讀課，老師說不如到教室外閱讀，我聽了非常開心。每個人手抱著書，大家選擇了老榕樹下，當時風輕輕的吹，非常涼快，那時非常的安靜，大家都很專心閱讀，心情非常舒暢愉快，我要謝謝老師給我們這樣特殊的閱讀機會。」

——岡山國小　郭智承

　　隔日午餐時，秀出我拍的照片給孩子看，沒想到一個孩子看了照片後大聲驚呼：「啊！怎麼只有我一個人坐在那裡？」

　　咦！我看看照片，沒錯啊！昨天就是他一個人單獨坐在那，還坐了一整節課，怎麼他竟然不知道？我想，大概在大樹下閱讀，微風徐徐吹來，舒緩身心，大家各自享受寧靜的片刻，連身邊有沒有人都沒察覺到，這應該就是陶醉於閱讀的滋味吧！

行筆至此，看見照片裡的老樹，真是睹「樹」思情啊！

　　五下暑假結束，六上開學時，看見已被連根拔起的老樹，歪歪斜斜地躺在一旁，樹倒斷枝遍布，氣息奄奄。倒下老樹的根，仍緊緊抓握著破碎的水泥地及土塊，地板被拉出一個大窟窿，見狀，我們大吃一驚！

　　這棵老樹敵不過今年暑假「蘇迪勒颱風」的強烈侵襲，被狂風吹倒了。這曾陪伴我們一同閱讀的老樹，總是張開雙手為我們遮蔭送涼，讓我們自在的在他的懷抱下閱讀，沒想到，此情竟已成追憶。心中深深感謝這棵陪伴岡山國小數十年的老樹，在孩子們畢業前，能與他留下這麼令人難忘的閱讀經驗。

孩子們難忘的閱讀經驗

記得某日，連上 3 節國語課、數學課，連老師自己都感到疲倦了，為了要有正面的能量繼續教與學，我們又去「吸收天地正氣」。這次，孩子們自己選擇了蓮花池涼亭，照片拍出來後才發現原來校園這麼美，以前怎麼都沒注意到？（見 P.235 右圖）

　　來到蓮花池，聞到花香、草味、陽光味，曬書、曬人，也曬掉霉味。經過陽光過濾殺完菌，原本無精打采、昏昏欲睡的孩子們，全變成一隻隻「活跳蝦」，全部「甦醒」過來，全班戰鬥力瞬間滿格！

　　閱讀，本來就是件美好的事，在尚未發展成「習慣」之前，孩子們需要外在環境的支持。換個環境，孩子開心，讓閱讀與快樂連結在一起，自然拉近與書的距離。

隨時上好書

　　孩子不排斥書，就是好的開始。

　　在班級裡推廣閱讀，書籍一定要多，而且要豐富多樣，沒有不喜歡書的孩子，只有選錯書的孩子。與其買很多套裝書、精裝本，擺一大堆在教室，看起來像教室的「裝飾品」永遠塵封不動，我更在意書的「流動性」與「新鮮度」。

　　為了要增強孩子與書的親近感，就要天天「上好菜」，不斷增加「色香味」來調味。所以，大約一週 1-2 次，我放學後的第一件事就是飛奔路竹圖書館借還書。

　　為了滿足不同喜好的孩子，什麼書我都挑，每本書我都會親自閱讀把關。書借回來後擺在教室，我就會靜靜觀察孩子愛看什麼書。或許有人會問，要滿足班級這麼多孩子，要借多少書呢？借書證能借那麼多書嗎？

　　如果是教師身分，可以憑教師服務證明文件及身分證到市立圖書館辦「班級借閱證」，一次可借圖書 60 冊，為期 兩 個月。如果不夠借，還可以加上自己的「個人借閱證」，上限可借 10 冊，兩卡一起用就可以同時借出 70 冊。如果再不夠，再把自己的「家庭借閱證」也貢獻出來，「家

庭借閱證」只要設籍本市之家戶皆可申請，連同申請人身分證及戶口名簿正本就可以辦理，上限可借 20 冊。如果「三卡一起」，一次就可以借出 90 冊。我曾因為借閱冊數實在太多，多到路竹圖書館的替代役男還幫忙搬書到車上，真的是服務到家一級棒！

　　完成「未來想過的生活」的學習單過後，孩子們正值求知若渴的階段，我在班上大力推廣閱讀，馬上受到孩子們的青睞，不僅孩子反應極佳，家長的接受度也非常高。每當早晨抱一堆書到校，孩子們蜂擁而上搶書的情景，就是我持續不斷的力量。

　　為了營造班級共同話題，我在班上深耕閱讀，希望孩子們不管是上課、下課或是放學，口中談論的話題都是閱讀。學校生活中，我不斷「誘導」孩子與書接近，實行一段時間後，孩子習慣到閱讀區去借書，連下課也會起身去那晃晃。他們一天在校有很多零散時間，如果能夠充分利用，湊一湊也是可觀的累積。

　　推廣閱讀一陣子之後，孩子愛閱讀的情形，超過我的想像，某一次搭乘遊覽車的經驗，令我印象非常深刻。

捕捉孩子沉浸在閱讀中的模樣

PART3
震撼教育後，我看到改變

高年級固定幾週會排游泳課，每次皆搭乘遊覽車去游泳池。雖然游泳池距離學校並不遠，但遊覽車車速緩慢，走走停停，一小段路也得開個十多分鐘左右。因為我不允許孩子們在車上放聲聊天，密閉空間聊天的音量肯定會讓司機大哥受不了。大概不能聊天所以太無聊了，沒想到孩子泳袋裡塞了書，頭髮溼溼的就在車上看起書來，而且看得非常入迷。

看到這一幕，真是又驚又感動！我迅速拿起手機，捕捉這值得記錄的一刻。拍完照後，發現到竟然還「不只一位」孩子在閱讀，為師的我快要噴淚了。這感動的一刻，震撼我心，我心心念念希望閱讀能成為孩子生活的一部分，像呼吸空氣，像吃飯喝水一樣自然，這驚喜的瞬間，統統被我這「狗仔」偷拍下來了，而且他們專心到沒發現老師正偷偷摸摸、鬼鬼祟祟地拿著手機拍他們的模樣。

或許有人覺得車上看書不宜，但因為車速極慢且在平地，孩子若有不適相信他們自己會做調整，我們大人不也常在車上看報紙雜誌等，打發無聊時間。況且，當看書看到入迷時，哪還管得了在何地閱讀，沒看到精彩的結尾可是不過癮啊！看看孩子那專注的表情，沉浸在書中的喜「閱」哪是他人能體會的啊！這時間沒拿來聊天，拿來閱讀，豈不令人欣慰！

閱讀理解能力的培養

閱讀習慣建立之後就要開始提升閱讀理解能力，如果閱讀只是手抱一本書，隨興讀讀，無法將訊息整合、分析，進而獨立思考，連結舊經驗再轉化為自己的新知識，雖然能讀，但多數只能停留在字面意義的解讀，看似認真閱讀，但這只是表面性的增加閱讀的「量」，沒有達到「質」的提升。

這種「隨興式」的閱讀，往往需要累積非常多年的經驗，才能慢慢抓到閱讀的訣竅，如果只是讓孩子「隨興式」的閱讀，沒有教導孩子閱讀理解，高年級這兩年恐怕還沒摸索出閱讀的興味，孩子就畢業了。

閱讀就好比游泳一樣，每天一個小時隨興自由地游，與每天一小時有策略、有階段性的訓練，針對各種招式反覆練習，投入相同時間，雖然後者比

較需要集中精神及注意力，也會辛苦些，但進步的幅度一定比前者大。

　　雖然「隨興式」的閱讀，有些孩子也可以歸納出一些重點，但需要長時間及大量閱讀來換取經驗。現在的孩子要學的科目比我們過去 20 年更多元豐富，還需要上網查資料，資訊的來源除了教科書、網路還有其他眾多資訊，對閱讀理解要達到「自然而然就學會」的程度，恐怕在短時間內難以達成。如果閱讀理解的能力要踏實有效率，想要累積閱讀實力，還是得靠「訓練模式」的閱讀方式。

　　時間不等人，為了讓孩子在「閱讀理解」方面能有顯著的進步，須講求有效的閱讀策略，並運用方法，才能使閱讀跳脫傳統隨興式閱讀的看書方式。台灣這一兩年「閱讀理解」的書籍如雨後春筍般不斷湧出，只要合乎自己胃口的書，我幾乎全部入手，買回來認真練功，我對班級閱讀的要求，不僅是書「量」的提升，也要達到「質」的深入。

　　記得某一天，早上第四節進行全班共讀的課程，講解到鐘聲響了，因為要準備吃中餐，課堂上沒討論完的部分，就請孩子們自己找時間進行小組討論。我飯吃一半，抬頭一看，哇啊！孩子們竟然一邊抱著便當，一邊繼續討論。看到這一幕，為師的我除了驚喜交加，更是欣慰至極，孩子們竟然自動自發想找出答案！

　　想起他們剛升上五年級，那意興闌珊、散漫頹廢的學習樣貌，與現在像賽馬般似地快速衝出柵欄，每一根神經纖維都專注在這一刻，連「吃飯皇帝大」這等大事也擺一旁，這衝勁十足的模樣，和過去實在是天差地遠啊！怎能不令人感動呢！

討論皇帝大，吃飯擺一旁

PART3
震撼教育後，我看到改變

由晨讀及打Game進入「悅」讀世界

　　五年級初，新學年度除了新接這一班，學校也來了一位新校長，莊燿隆校長過去帶領的學校曾獲得教育部閱讀磐石獎，所以，莊校長一上任立刻在岡山國小推行閱讀。除了募款充實班級書庫外，莊校長也大力推行「高雄市喜閱網」及「台中市國民小學推動校園閱讀線上認證系統」，讓孩子在閱讀完書籍後，可以進行線上閱讀測驗，通過測驗可以得到系統的認證，累積閱讀書量及點數。

全班皆登上「閱讀小達人」金榜

為了推廣閱讀，學校還設置了獎勵方式，「台中閱讀線上認證系統」的認證依 7 等級頒發「閱讀小達人」獎狀。喜閱網因參考國際閱讀評量 PIRLS 測驗的 4 層次問題模式命題，闖關難度較高，所以頒發「銅、銀、金牌」及獎狀，這個銅、銀、金牌是我看過最誘人的閱讀獎牌，這種質感極佳的獎牌通常只有在縣市級運動會上才會看到。獎牌背面還有神祕編號，我是後來聽拿到金牌「天字第一號」的孩子分享後才知此事。學校每兩週固定於晨會公開頒獎，讓孩子從閱讀中獲得成就與榮耀。

　　在完成「未來想過的生活」學習單後，正是在班級大推閱讀的最佳時機點，原本看似零散無用的幾十分鐘，在老師的妥善規畫之下，全都變成孩子們自主閱讀的時間。

　　線上閱讀認證原本是需要在家裡施測的活動，然而，有些孩子晚上要去安親班，有些孩子家裡無電腦或網路，無法上網認證，於是我貢獻了自己的筆電，設定好網路後就固定放在教室，讓孩子閱讀完後自行利用零散時間上網闖關。

　　孩子上軌道後，我就放手讓他們自由操作。我發現班上男生很吃這一套，為了闖關，他們會奮力閱讀。以前，男生每節下課鐘聲一打，迫不及待衝往操場搶球場，常常打球打到和別班起糾紛，常常因為打球受傷去保健室。隨著閱讀的推廣，過去這些讓我費盡心力的口角糾紛及肢體衝突已不復見。

閱讀完後紛紛上網闖關

下課時間仍沉醉於閱讀的孩子

自從班上孩子領回全校第一張閱讀獎狀後，全班就像沸騰的滾水般無不志氣高昂，熱血奔騰。閱讀，成為了我們班級閒暇片刻的最佳活動。

現在下課，孩子不是急忙衝往操場，而是坐在座位上閱讀，或是聚在螢幕前闖關，這過五關、斬六將的閱讀闖關活動像極了男生們喜愛的電腦遊戲，每個人都欲罷不能。加上兩週一次密集的頒獎，頒獎後學校還會立即在閱讀牆為孩子拍照，將照片洗成兩份，一份公開貼在學校中走廊榮譽榜，一份貼在教室外牆上的閱讀達人金榜。孩子的頒獎照片我也會立即上傳班級家長的 Line 團，隨著週週上台領獎的孩子越來越多，孩子與家長都感受到閱讀在班級推廣的成效。

世界變化很快，教室內的學習趕不上真實世界的變化，擁有閱讀力，就是擁有自學力，也就是擁有未來的生存力。家長也將支持化為行動，特別捐贈班級電腦及書籍，大力鼓勵孩子閱讀。

洪蘭教授說：「21 世紀是科際整合的時代，跨領域最重要，知識只有分有用、沒用，沒有課內、課外之分。」洪蘭教授這些話深植孩子腦海，尤其已畢業的學長姐每每回校告誡學弟妹們的都是：「國中只念教科書是沒用的，許多考題都不在課本裡，多閱讀絕對好處多多……」學長姐們已經嘗到閱讀帶給他們的甜頭，回頭更是大力鼓勵學弟妹充實課外知識。

每天早自修，我們什麼事都不做，就只「閱讀」，全班安安靜靜坐在座位上閱讀。或許有老師或家長認為，早自修不讓孩子訂正作業或補寫作業嗎？

我的想法是，既然要在班級推廣閱讀，就要給孩子們足夠的時間閱讀，讓他們可以按照自己的閱讀步伐規畫這 30 分鐘。不然，學了那麼多閱讀理解策略，總該透過大量的閱讀來驗證及熟悉技巧。只有不間斷的閱讀，才能累積出實力，激發想像力，培養創造思考的能力，總有一天必能達到令人期待的閱讀程度。至於訂正作業或補寫功課的部分，都還有每節下課 10 分鐘的時間，再寫也不遲。

晨讀實行一段時間後，孩子打掃完外掃區進入教室後就會自動拿出準備好的書，不管老師在不在教室，不用叮嚀，全部自動化調整為「閱讀模

式」。有時甚至下課鐘聲響了，還有不少同學黏在椅子上，甚至整組的孩子都沒人想離開，想必書中扣人心弦的情節已經緊緊抓住他們的注意力，連下課時間到了也不受影響。

以下節錄自孩子們的日記，一窺晨讀帶給孩子的改變：

老師實施了晨讀後，我的閱讀能力大為進步，每天只要有空，我都會拿起書閱讀。這一週我讀了《我的老師虎姑婆》、《四季豆闖時關》、《皺紋男孩與說謊女孩》等。早自修只能閱讀，晉如老師的用意是希望我們從國小起就培養閱讀的好習慣。我想上國中後，時間很緊湊，還不知道有沒有時間可以閱讀，所以趁現在要好好把握時間。

——岡山國小　邱沛臻

自從升上高年級後，我發現自己比以前更愛看書，才短短 2 天的午休時間，我已經可以看 4～5 本書，之前要我看完一本上萬字的書，必須給我一星期的時間呢！

——岡山國小　王翊慈

晉如老師的 OS：「午休時間能做什麼？我只開放兩個選擇，一個是安靜午休，另一個是安靜閱讀。」

自從老師實施晨讀計畫後，早自修我們都乖乖看書。因為我家裡沒有很多書，所以我都是利用班級的課外書來提升我的課外知識。閱讀讓我不會成為只是會看教科書的書呆子。

——岡山國小　張文菱

我早自修閱讀的書籍是教室的班書，我今天閱讀了《魔法校車：電路大冒險》，我記得書的內容是在介紹電流、斷路觀念以及燈泡、馬達的結構。為什麼選這本書，因為我很喜歡「魔法校車」這套書，可以跟著麻辣的卷髮佛老師一起探險，非常有趣。 ——岡山國小 郭鎧銘

晨讀時間我都是閱讀晉如老師買來的書，因為家裡的書都是在我很小的時候買的，大多是幼兒故事書。最近我看了一本集結許多名人故事的書《中學生晨讀 10 分鐘：啟蒙人生故事集》這是一本關於人生奮鬥向上的書，看完後讓我更有勇氣追尋自己的夢想，而且每篇勵志文都短短的，非常適合早自修閱讀。 ——岡山國小 黃麗靜

我這週閱讀的書是《巧克力冒險工廠》，我有看過電影版，沒想到有這本書。我想看看電影的情節和書上寫的差別有多少？
——岡山國小 郭琇芷

以前的早自修我都用來聊天，自從實施晨讀後，我就從家裡帶來《貓戰士》，我覺得「晨讀」這個策略還蠻不賴的，雖然早自修及午休不能預寫回家功課，只能閱讀，但我還是能利用下課或放學時間寫，而且寫完還有時間跟家人談心。晨讀讓我可以靜下心閱讀，也增加我的文筆深度，所以我很感謝老師。

——岡山國小 吳承瑋

因為晉如老師實施了「有意義」的晨讀活動，使得大家早自修都能安靜閱讀。我閱讀了郭琇芷帶來的《雨林冒險王》，這是一本十分刺激的書，書中充滿了驚奇的探險歷程，生動又有趣，不但有實用的科學常識還有解決問題的樂觀態度。因為郭琇芷看完了，我才有機會跟她借這本書，能看完這本書，都是拜「晨讀」的功勞。

——岡山國小 李昀儒

我這週閱讀的書是《青蛙探長和小狗探員》總共1～4集，這本書在講青蛙探長和小狗探員想要開一間果凍工廠，駕著破爛的太空船，到地球尋找傳說中的許願石……我覺得早自修及午休不能做其他的事，只能閱讀，是件很不錯的事情，可以增進知識，又可從書得到樂趣，讓自己更上一層樓。

——岡山國小 萬明勳

晨讀時間，我從家裡帶了一本《我兒佳比》的課外讀物，會帶這本書是因為老師的書櫃裡放了一本《記憶傳承人》。閱讀完後發現在內容的最後還介紹了此書是「四部曲」的其中一部，令我意猶未盡，所以要求媽媽將剩下的三部曲《歷史刺繡人》、《森林送信人》、《我兒佳比》買回來，每天利用晨讀及午休的時間閱讀。《我兒佳比》是第四部曲。

這本書給了我很大的感觸，故事訴說著一位住在同化社區當孕母的克萊兒，生下孩子後，由於組織忘了叫她吃藥(一種會讓孕母遺忘親情的藥)，導致她還留有感情，在得知孩子被帶走後，便展開艱難的尋親之旅。克萊兒為了尋找孩子，犧牲自己的青春作為交易，當找到孩子時，卻已經成為一個行將就木的老人……這本書讓我發現，原來母親愛孩子的力量是這麼強大，所以我以後要好好孝順媽媽，長大後不會開快車、喝酒，不要讓媽媽為我擔心。

我認為老師規定早自修及午休時間只能閱讀，是為了我們的未來。「如果只看教科書，你永遠只能朝100分邁進。如果你不只看教科書，有一天，你會發現，你已經超越100分了。」晉如老師轉述梁語喬老師的這句話，早已深深刻在我的腦海裡。我相信，我們天天閱讀，有一天，一定能超越100分。

——岡山國小 方宥鈞

　　晉如老師的OS：「當我看到宥鈞桌上那一本超厚、高達近500頁的小說時，才知道他已經將《記憶傳承人》、《歷史刺繡人》、《森林送信人》、《我兒佳比》這四部曲全部看完了。我好奇地問這麼多本的厚書是利用什麼時間看完？他回答：『就是晨讀和午休時間啊！』回答真是充滿自信又帶點得意的口吻。聽完他的話，我與班級孩子分享，如果能妥善運用時間，每天晨讀30分鐘，外加午休40分鐘，每天在校就能閱讀70分鐘，日日月月累積起來可是很可觀的成果啊！

因為宥鈞的日記，我才知道他是從『喜閱網』中的《記憶傳承人》（美國紐伯瑞兒童文學金牌獎）入手，這四部曲得過大獎，廣受好評和肯定，好書就是能持續發酵。因為故事啟發孩子內心深處的情感，讓他欲罷不能地看完後面的三部曲。因此，我坐在宥鈞的身旁，想與他聊聊書，問他看完《我兒佳比》後的心得，聽著聽著，覺得好特別，這是最後也是最厚的一部曲，完整串起了與其他本書所有故事的因與果，也讓我對這本書產生了好奇。

　　又問宥鈞看完《我兒佳比》後還選了什麼書？他說剛看完青少年冒險科幻小說《飢餓遊戲》，此書共有三部曲，包括二部曲的《星火燎原》及三部曲的《自由幻夢》也都看完了。聽完，心中真是替孩子高興，如果不是體驗到閱讀的樂趣，怎麼會如此愛看書呢？年紀輕輕就可以享受到閱讀的樂趣，這可是很多大人都做不到的事啊！

　　他還興致高昂地說，今天晚上就可以拿到3本冒險小說《有人在鹿港搞鬼》、《億載金城之暗夜迷蹤》、《砲來了，金門快跑！》，看來孩子衷心期待新書的到來。問他怎麼找到這些好書呢？他回答也是先看了教室內提供了喜閱網的書《九份地底有條龍》，發現這本書在最後的內容也推薦了多本書，讓他迫不及待地想要先睹為快，先看這3本，後續再接再厲。聽完宥鈞說的話，心有戚戚焉，因為自己也會用這樣的方法尋書閱讀。聊著聊著，發現一本書帶出一本書，宥鈞已經看完好多書了。

　　教室內擺放高雄市喜閱網書單的書及各類型的書籍，孩子可以根據自己的興趣尋書來看，隨時隨手拿到自己想看的書，加上環境營造出閱讀的氛圍，想不讓閱讀融入日常生活中都難。看到宥鈞豐碩的閱讀成果，真是大感欣慰，閱讀對他來說，已經是一件很享受的事了。

宥鈞最近看完的書
宥鈞藉由相關的推薦書，搭起與其他好書的緣分橋梁，閱讀的書一本接著一本，欲罷不能。

　　因為孩子分享的日記內容，除了讓我掌握他們現在正在看的書，增加與孩子聊書的共同話題，拉近距離外，也讓我知道孩子彼此之間還交流了許多好書，更讓我知道老師推薦的好書受到孩子的青睞。

　　其中，更重要的是發現男生喜愛看的書多屬冒險刺激、懸疑、偵探、挑戰、喜愛圖解或視覺類型的書勝過女生。明白了這些差異後，也讓我在市圖借書時更有方向了。

　　雖然在班上大力倡導閱讀，然而，我不硬性規定孩子一定要闖關，也不規定閱讀量，更不指定成回家功課，也不用寫閱讀心得。當孩子明白閱讀是為了充實自己，拓寬自己的視野與知識，充實詞彙量，提升對語感的敏銳度，持續的閱讀還可以幫助作文，甚至還可以從散文、小說的情境中明白人情世故，更可以帶給自己無窮的樂趣。基於此點，再規定一堆作業反而擾亂孩子自己的進度，甚至規矩訂了反而變成壓力來源，做任何事情如果沒有動機，規矩再多都沒有任何效益，甚至老師的苦口婆心、掏心掏肺都會變成「顧人怨」，大收反效果。

至截稿前，全班 27 個孩子已全數上台領過「閱讀小達人」獎狀，閱讀闖關通過率 100%，獲獎率 100%。全班在「喜閱網」一年的閱讀認證累積冊數已達 2000 冊，閱讀總字數高達六千四百多萬字。在「台中閱讀線上認證系統」上，閱讀認證冊數更高達 3000 冊。

對於班級閱讀，老師扮演的是引導者，一開始的闖關打 Game 對小學生而言是個「誘餌」，與其希望孩子嘗試閱讀，提供一個「有樂趣的閱讀成功經驗」更是重要，為了要培養閱讀習慣，就要想辦法增加孩子與書「相遇」的機會。原本對書興趣缺缺的孩子，經由這個有樂趣的打 Game 活動製造出另一個「機會」，在我長期的觀察下，這「誘餌」對不易與書親近、好動不已、愛挑戰的男孩更能投其所好。

大量閱讀之下總會有幾本書可以搶得先機，攫住孩子的目光。當孩子讀過一本真心喜愛的書，發現書的美好，他就會更有動力去尋找下一本有趣的書。沒有不愛閱讀的孩子，只有選錯書的孩子，體驗本身就是一趟自我感受與自我尋找的學習旅程，只要嘗過閱讀帶來的快樂滋味，從書中找到心靈的慰藉與美好，讀完這本書後能否闖關，能否為自己累積點數，能否上台領獎，能否得到師長的讚美，這些「身外之物」都不再會是孩子關注的焦點。

從五年級時下課排隊使用電腦闖關，每兩週等著自己上台領獎的高峰期現象，到六年級閱讀變成一種「習慣」之後，自主閱讀所帶來的成就感早已取代一切有形的獎賞，所以，當閱讀闖關累積的點數及冊數並未隨著孩子閱讀量的提高而繼續竄升，甚至逐漸減緩時，我都一樣老神在在。

看見孩子依然能從他讀得興然有味的心境中找到閱讀的樂趣，我知道，我與孩子們有一個心有靈犀的共識，就是享受閱讀帶來跨越時空的想像，享受文字在時光流轉中的溫燦，享受聊書時真情款款的情緒流瀉，享受邁向知識殿堂的昂首闊步。

閱讀也帶來了令人意想不到的驚喜與力量

喜閱網內設的「識字量測驗」，從五年級上學期初次施測時，全班的識字量遠遠低於「全國同齡平均值」之下很多，甚至還落後偏鄉小學一大截，當時的我，看到這樣的「超低分數」，簡直不忍卒睹、掩面嘆息，滿心蒼涼無人可訴的畫面歷歷在目啊！

然而，到了五年級下學期末，班級的識字量成績已經遠遠超越「全國同齡平均值」許多，成績突飛猛進，五年級下學期孩子們的識字量成績已經提早達到「六年級下學期」的程度。原本識字量不足，導致閱讀文字多的書籍會令孩子害怕而裹足不前的困擾，也隨著識字量的提升改善了窘境。看見孩子因閱讀而開朗的紅暈，彷彿是掙脫羈絆枷鎖後的撥雲見日。

高雄市喜閱網線上認證系統簡介

「喜閱網」是高雄市獨有的線上閱讀認證系統，每學年由參與其中的本市閱讀教師（其中不少是教育部閱讀推手及高雄市閱讀典範教師）從萬本書中選出適合一到六年級孩子閱讀的書籍，將書分成 12 等級，協助孩子能依自己的閱讀能力，找到適合自己的書來讀。藉由書籍的等級，讓孩子依照自己的速度及能力逐步成長，滿足個別差異，提高孩子成功的閱讀經驗。

線上闖關題庫由閱讀教師參考國際閱讀評量 PIRLS 測驗的 4 層次問題模式命題，以「引發高層次思考」為理念，引導孩子思考及理解書籍內容。每本書設計出 A、B 兩卷共 20 題試題，讓孩子透過閱讀文章，回答需理解的測驗題目，提升孩子的閱讀思考力。

因為我參與高雄市喜閱網的選書及命題、審題工作，所以清楚每一個環節。光要出這些題目，所有命審題教師利用週三課餘時間進行研習增能，每次研習結束後還有作業，反覆以各種文體（故事體、說明文）的文章練習出題。此外，教育局還於週末邀請教授指導老師們如何運用策略來問好問題。

喜閱網題目出完後小組還有一審至三審，12 組小組教師除了互審，助教也要把關出題內容，之後還要在班級進行試測、修改，一切無誤之後才會上線開放闖關認證。

喜閱網的題目是經過嚴格的層層把關，每個題目都是出題教師及互審教師深思熟慮後產出的。由於題目需要推論、思考，孩子必須認真閱讀後才有辦法過關，要是想要瞎猜矇混，答錯 2 次後系統就會鎖住，孩子就要 7 天後才可以再次登入使用，挑戰難度較高。

台中市國民小學推動校園閱讀線上認證系統簡介

「台中市國民小學推動校園閱讀線上認證系統」彙集各方推動閱讀的力量，建置豐富的書目與認證資源，雖然是台中市設立，但全台灣皆開放申請使用，不受區域限制，所以外縣市的我們閱讀完後也會上線測驗。「台中市國民小學推動校園閱讀線上認證系統」提供的認證圖書數量非常龐大，每年行政院新聞局、文化部、各市立圖書館、各縣市推薦的好書皆囊括其中，此外，各種月刊、雜誌也都有，目前有 46000 冊的認證圖書。市面上的書大部分都能在台中閱讀線上認證系統中找到。

寫作無法速成，別讓手停下來

如果說閱讀是輸入，那寫作就是輸出。蠶寶寶吃飽了桑葉就該吐絲，大量閱讀會使詞彙量增加，語言流暢度也會明顯提高。寫作的訓練更可以開闊孩子的思維，藉由知識、經驗與想像，將心象、意象、美感留在筆尖。

一開始我允許孩子寫出很爛的文字，寫作力培養無法立竿見影，學習的過程中必須做很多的練習，持續不斷地努力，「鑽石」才會冒出來。不用急，可以慢慢來，不是要孩子寫出曠世之作，在曠世之作出現前都還需要磨練。我希望從閱讀引導到寫作的歷程是持續不間斷的考驗，要緊握著筆，要不停的寫，想寫什麼就寫什麼。如實寫下心裡的想法，生氣的、抱

怨的、丟臉的、害羞的、脆弱的、失敗的、虛幻的、真實的、好奇的、美好的、感動的、成功的、順利的、幸運的、喜悅的……記錄眼前所發生的事，將五感統統記下來，讓我們看到它並接受它。

寫作也是給孩子一個穿越狂野心智的機會，一個釋放自己內心深處靈魂的獨白。無論寫出什麼，都是孩子們真實不假的思緒，就算不知所云也好，這些都是必經的過程，老師該做的就是陪伴，一路守護及陪伴孩子成長。寫作力無法速成，唯一要素就是「別讓手停下來」，盡情寫出自己的故事，迎向一切，即使痛苦，也要親身感受，並感謝我們正踏往成功的路上。

有時候，孩子筆尖流露出的自然靈妙、清新單純，還能讓我們感受到躍動不已的生命力。

享受「讀寫雙贏」的甜美果實

原本，我只是想緊握孩子省悟後出現的強大學習動機，乘勢在班級推動閱讀、寫作，一股傻勁及老實地做，輔以日記、心情小語、作文、小書製作等加強孩子的讀寫能力，從沒想過要得到什麼成果，也不敢奢求有多大的回報，只是一直認分地帶領著孩子勇往前行。

因為自知不足，深怕有所忽略或不夠專業而誤了孩子的前程，一路上戰戰兢兢，如臨深淵，如履薄冰，自己也不斷地進修，以期能帶給孩子更多的收穫。

當孩子進行國語課「記敘文改寫成說明文」的「文體大變身」，所做出的「360 度立體圓形小書」在台北華山文創展覽上獲得廣大的好評，更受到教育部長吳思華及前行政院長蘇貞昌的鼓勵，甚至一舉登上外交部台灣光華雜誌（以中文、英文、日文 3 種語言行銷海外），以內文 8 頁報導我們的班級教學。我從沒想過，來自岡山這個小鄉鎮的我們，可以擁有這麼亮眼的成績。身為教師的我，一方面大為感動，一方面卻又充滿驕傲與欣慰。這些家庭資源先天不比大都會豐裕的孩子，因為他們的努力、執著與受教，孩子們的成長與進步超乎我意料之外，他們的表現讓人擊掌叫好。

360 度立體圓形小書，佳評如潮

外國人也來瞧個究竟

360 度立體圓形小書

外交部台灣光華雜誌封面

　　五年級下學期，孩子有機會參加校內現場寫作比賽及校外作文比賽，當孩子抱回校內第一、二名及連續兩年包辦高雄市作文比賽特優及前幾名與佳作，抱回一座座獎項時，我的內心澎湃不已，久久難以平息。平日這些看似浮光掠影的心情小語、日記、作文等捕捉瞬間的記錄，卻因日積月累，產生了滴水穿石的力量。

　　不只這些獲獎的孩子，其他從五年級一開始令孩子唉聲嘆氣、聲稱是強烈壓力來源的寫作，也從原先戰況之慘烈、內心與思考的強力拉鋸賽，與老師討價還價聲中，逐漸適應，獨自品味這孤獨又幸福的寫作時刻。幾次校外分享，甚至有國中教師前來誇讚孩子的文章寫得比國中生還好。

孩子忍不住回顧，與過去的自己相遇

一整年的讀寫（部分內容），當作品展示在桌面上，厚厚一整疊，孩子不禁驚嘆：「我們竟然寫過了這麼多……」

　　這一切的過程，都在歷經長時間所投注的心力，意外造就了孩子寫作的觀察力與敏銳度，細膩的心思，獨到的見解，溫暖的筆觸。有了平日扎實的功夫作為後盾，最終達到「水到渠成」，這些信手拈來的成果得來全無僥倖，每次孩子完成一篇篇文章，卻又是覺得那麼無比驕傲與難以置信。

　　我很欣慰，孩子們用自己手上的那一支筆，為自己的童年譜下了黃金般的年華，寫下了不朽的讚歌，淬鍊出世上獨一無二的永恆回憶，也保留住這一段童年特殊的生命經驗。

我很慶幸，我與孩子們一路走來的堅持，班級的閱讀及寫作，都獲得了令人感動的成效。在光采成就的背後，聚光燈照不到的地方，我驕傲地看著孩子的輝煌收穫，擁抱眾人歡呼。更令人感動的是，甜美收割之前，所有的跌跌撞撞與傷痛，孩子們都不畏艱難地一一克服了。

　　孩子的學習動機從小小火苗燃成熊熊烈燄後，只要善於利用在校的各個零散時間，把握每個學習的當下，藉由閱讀與寫作培養孩子的未來能力，這些空白零散的時間湊起來也是相當可觀的成效。原本五上開學之初，孩子們在下課時間談起的電動玩具、明星八卦話題，也因為學習動機的燃燒，玩樂話題已不復見。

老師,到底什麼時候才可以考試?

每近月考,例行公事就是複習。在班上,學生愛看課外書的程度超過課本,但總不能課文中的字詞只會「認」而不會「寫」,會認字不代表會寫字,畢竟國小階段還是要將國字寫「正確」才行,總不能常常把「繁體字」寫成「簡體字」,而且還是「自創」「獨樹一格」的簡體字,不知道是哪一國的字?

每次考聽寫,老師出題、批改,一次批改完全班將近 30 本的考試內容,除了眼睛快脫窗,到底孩子們有沒有「增能」?總覺得國字程度越來越好的就屬老師了。但是,學習的主體應該是孩子才對,為了出題,老師都要翻閱課本很多遍,字詞熟得不得了,如果這動作換成孩子們去做,應該可以更有效的進步。

五年級上學期初接這個班級時,就跟孩子說以後聽寫自己出題,試卷洗牌後大風吹,吹到哪張就寫那張。結果孩子們不但不敢嘗試,還強烈抗議,覺得試卷難易度不同會造成分數的不公平。喔!好吧!這麼在乎分數,我嚇了一跳!

學生經過一學期「震撼教育」的歷練,對於老師在課堂上的教學風貌次次不同,許多時候還是「驚嚇大於驚喜」,孩子們應該早要具備「處變不驚」的能力才是。為了不要都是老師在「增能」,於是我又提出了「自己出題」這件事。

心臟果然是越練越大顆,這次沒有人唉唉叫了,取而代之的是興奮不已的心情,因為想要挑戰「未來能不能當老師」、「考倒同學」的決心異常旺盛,但又要符合老師的規定,要出「重要而有意義」的字詞,孩子們

莫不摩拳擦掌認真地閱讀課文（太好了，這就是為師的目的），每位都精心設計了題目。

　　試題收回來後，我就先暫時擱在一旁。每天都有人輪番上陣詢問：「老師，到底什麼時候要考試？」咦，什麼時候這麼愛考試了？因為才剛出完試題，記憶深刻，所以我故意拖了幾天，等孩子都快要忘光時，才宣布要發他們「期待已久」、終於「如願以償」可以寫到的考卷了。孩子為了不要被同學考倒，又立刻複習起來（太好了，一樣是為師的目的）。

　　孩子等待試卷的到來猶如辰勾盼月，望眼欲穿，從發下「驚喜試卷」到寫考卷時的興奮模樣，都看得出孩子腎上腺素急速增加，到哪裡去找這麼愛考試的學生啊！寫完後才告訴他們要交回試卷給出題者批改，聽到出題者還可以親自批改同學寫的考卷，腎上腺素又再度噴發。

　　人真的是很神奇的動物，以前看老師批改考卷時都會替自己或同學捏一把冷汗，或抹一把同情淚。卻在自己成為「老師」時，瞬間變成「嚴師」，一切「絕不妥協」，一筆一畫稍微歪了、斜了，就立刻「打入十八層地獄」，完全不接受「關說」，沒得商量，「恨鐵不成鋼」及「名師出高徒」的信念堅如磐石、堅不可摧。

才兩張考卷卻出動這麼多陪審團

因為如此，自覺被誤傷者，自認沒誤傷人者，雙方就告到老師這裡，我只一句話就把大家驅散「去看聖經版本（課本）」，大家又開始認真閱讀課本（太好了，仍舊是為師的目的），此外還各自找來「陪審團」一起研究到底一筆一畫寫得對不對？（太棒了，大家一起共學）。我後來仔細一看，孩子們其實寫的都對，還是逃不過「嚴師」鷹眼般銳利凶猛的眼神。

　　全部批改完後貼上黑板，大夥兒興奮衝上前欣賞別人的出題，順便評論一番是否有「增能」效果（太完美了，又複習了好幾次，而且一次看很多張）。考完後雖然幾家歡樂幾家愁，但問他們下次還要不要出題，竟然都說要，還覺得題數太少，頗有「遺珠之憾」。

　　孩子自己出題有幾個好處：

一、老師省事。

二、學生確實增能。

三、因為每張考卷都是世上「獨一無二」，所以完全不用擔心會有「長頸鹿」的問題。

四、批改時又能再度複習。

五、揪團一起審答，共學之外順便聯絡情感。

　　一連下來，反反覆覆不知加深了多少次印象。然後，不但沒人抱怨讀書辛苦，還樂在其中，一舉數得，「摸蛤蜊兼洗褲」。

　　至於，上學期孩子們最在乎的「分數公平性」問題，考完後就「無人聞問」了，也沒人在乎老師有沒有真正算進平常考內。

學習，本來就不是為了分數

學習的過程中，如果有樂趣、驚喜與挑戰，誰還會在乎「分數」！

出題與寫試題心得

「今天老師讓我們寫前幾天同學出的國語圈詞考卷，我拿到 26 號的。剛開始我覺得很簡單，但是愈寫愈難，我知道是自己沒認真讀書的原因，所以不能怪別人。反而要把 26 號當成我的貴人，要是她沒有出這張圈詞卷，讓我發現我忽略了許多字詞，我期中考就不會那些字了。

我出的考卷則是被 7 號拿到，當他寫完把考卷交給我批改時，我嚇了一大跳，天啊！字寫得根本就是『鬼畫符』，卷子上的字我完全看不懂，我只好忍著頭痛批改考卷了。現在我才感覺到字醜對老師而言，也是一種『視覺傷害』。」

——岡山國小　王翊慈

看到孩子悟出了「字醜對老師而言，也是一種『視覺傷害』。」不禁哈哈大笑，偶爾角色交換一下，更能體諒及包容老師的辛苦。

父母如何看孩子的轉變？

未來想過的生活學習單完成後，孩子們的學習態度、購物消費、閱讀寫作、面對未來的人生態度、求職找工作等等，有什麼轉變呢？父母又是如何看待孩子的改變？

章丞的媽媽：

「章丞以前不愛念書，對成績不在乎，只在乎朋友及同學，現在漸漸會想念好書，向資優的同學看齊。」

章丞的爸爸：

「發現章丞和以前不一樣了！週末告訴章丞昨天有兩位朋友來店裡找他玩，問他要不要一起去店裡，他說不去，因為他說：『要完成報告給老師，不能隨便寫寫！』我聽完心裡想，這小孩跟以前不一樣了，比較體貼、和善、懂事，似乎長大了，現在他有強烈的榮譽感，真的感謝老師的教導！」

晉如老師的OS：

「這份報告是探討『美國與阿富汗的國際關係』，因為難度較高且需要閱讀及上網查詢資料，所以請孩子利用週末完成。沒想到章丞不但未出去玩，還將美國、塔利班政權、九一一恐怖攻擊事件、阿富汗文化等製作成影片，並放上 YouTube。將作業一改過去『書面報告』的形式，改以影音呈現，真是令人驚豔！

全班觀賞完他製作的影片，讚嘆不已！我很訝異，學校從未教過這些，家長也不會做，他是怎麼將文字、畫面、聲音等剪輯製作成影片再放上網路？他說，影片剪輯是從電腦書自學而來，一個步驟、一個步驟嘗試而成功。

對照過去章丞對學習的態度消極低沉，現在展現出良好的學習態度及誠意，真的深深感動了大家！」

柏安的媽媽：

「柏安一開始從喜閱網的積極闖關，到請我幫他買《柔軟成就不凡──吳寶春》、《閃亮的籃球明星──林書豪》，到後來製作立體小書，讓我看到他的改變。會上網找資料，寫作能力也進步了，利用方法讓學習變有趣，也願意主動學習是我看到他最大的改變。老師，謝謝您。」

博勛的媽媽：

「老師的教導讓博勛在購物習慣上有明顯的改變，買東西之前會先思考有無『需要』才購買，而且也會主動發言。老師的教學不同於以往小學生所學教條式的上課方式，非常活潑，可以訓練小朋友全面性的思考，不會只侷限於某一點上，這是我非常喜歡的部分。這種訓練日積月累後會有相當的收穫，相信日後必受益無窮。謝謝老師的辛苦。」

鎧銘的爸爸：

「從一個不會寫日記、作文的鎧銘，經過老師的引導，學會了！孩子中年級時，學習過程是被動的；高年級時，從被動學習變成主動學習，自主力強。尤其高年級的學習有些要查資料，更是主動。林老師盡心盡力、精彩多樣的教學方式，真的對小學生很適合，在此鼓掌稱讚。相信日後定能隨心所欲，只要觀念正確，定能成為有用的人。

鎧銘的購物消費變得比較精明，且會有所取捨，真的進步不少。不過，覺得鎧銘真的太省了，希望他能想開一點。」

晉如老師的 OS：

「看到家長希望孩子『想開一點』，真心覺得『未來想過的生活』學習單法力無邊啊！如果不是從爸爸口中說出，老師還真不知道孩子的轉變。寫學習單時，鎧銘原本要買賓士車，晚餐一餐堅持要吃『5000 元』，經過老師大費唇舌努力勸說後，才勉為其難改為一餐『500 元』。在看到一個月的基本開銷超過二十多萬元後，孩子馬上有了明顯的轉變。」

韋綸的爸爸：

「孩子升上五年級後，該是讓他知道『負責』的態度。這一年孩子成長了許多，在老師的引導下，孩子比以往更主動地尋求答案，學習態度較過去中年級主動積極，教完一個課程會主動拿評量來測驗複習。感謝老師讓孩子們了解到大人的世界並不是那麼簡單，了解到爸媽辛苦的付出。用『新』教學，用『心』教學，讓孩子覺得上學是一件快樂的事。」

承瑋的媽媽：

「以前看到喜歡的東西會吵著要買，現在會先思考是『想要』還是『需要』，不會吵著要買了。

曾經擔心火爆脾氣的承瑋到了高年級會更無法控制，所幸遇到了晉如老師，會將孩子所犯的錯及時糾正，並引導至正確的方向，而且任何事情都會馬上透過 Line 分享給家長知道，讓做家長的我們能夠掌握孩子在班級的狀況，而不會做一個當孩子犯錯時，還一頭霧水地以為平時在家孩子都很乖的家長。其實承瑋一直都知道媽媽賺錢不容易，不過，現在更棒，會說將來換他賺錢給媽媽用。」

昀儒的阿嬤：

「經過老師的教導，昀儒更知父母在外工作、賺錢之辛苦。更有興趣去閱讀課外書，似乎也打開了寫作的竅門，進步了。功課方面也不敢懈怠，更有學生的本色，對老師更加尊重，更加惜福、惜物。」

宥鈞的媽媽：

「宥鈞明顯地會安排自己的功課，對課業……總算有一些概念了，宥鈞會擔心遲到，會擔心聯絡簿沒簽，會擔心課業有沒有備齊，以前呀！總是一副『管他的』，進步的程度讓我忍不住偷笑……孩子在這班的心情是喜悅的、快樂的，有良好的學習氣氛，願意去上學，是父母安心出門當『職業達人』的最大動力，謝謝老師！」

珮渝的媽媽：

「這一年多的時間，在晉如老師用心的教導下，珮渝改變非常多，老師的教學帶給她很大的啟發，讓她腦子裡有更多的想法，這是之前都看不到的。無論是在閱讀、製作小書、寫作能力等方面珮渝都有非常大的進步。看到孩子有這樣的成長，值得肯定晉如老師及孩子的堅持與努力！」

茹涵的媽媽：

「這屆孩子有幸在晉如老師的班上，提早體會長大後要面對的人生課題，相信會在孩子們心裡種下種子，將來會在求職的路上開花結果，不只謹慎選擇職業，也會節制開銷，並尊重各行各業的辛苦，『實際的體驗』是最好的教材。茹涵有時出門和同學有約或去安親班上課，問她需不需要帶錢，都會自己控管好預算，不會額外跟我們拿。有時想買衣服或鞋子給她，茹涵都會說『已經很多了』或『還沒壞不用買』。」

我想感謝晉如老師的帶領和啟發，讓孩子提早有新的視野，為將來的人生預做準備，事先努力，並有良好的價值觀，尊重每份工作，願意服務人群，這是最有意義的教導。」

昱歆的媽媽：

　　「孩子的學習態度成長許多，抗壓力有進步，以前中年級遇到不會寫的課業會生氣、會呼叫，現在看到的是努力又認真的小孩。」

翊慈的媽媽：

　　「這學期照著您的教學方針『周遭的人好，翊慈也跟著好』，看到每位積極認真的同學，薰染作用似乎奏效了，翊慈深怕自己落後許多。」

恩淇的媽媽：

　　「感謝老師的辛勞付出，皆已出現成果。孩子有了改變，在管理班級上，老師的方法很好，激發了孩子們的榮譽心、上進心，課業也打破了傳統的教學方法，令人耳目一新。」

沛臻的爸爸：

　　「以前中低年級時還笨笨的，只知道讀書寫功課。到了高年級的重要階段，遇到創新教學的老師，自然也改變了各項習慣。雖然一開始孩子不太適應，但現在的她已經調適得不錯。其實孩子從小到大衣食無缺，也從來不會向我們要求買東西，因為從小我們一直灌輸孩子『東西有需要再買，不要浪費金錢』，因為『錢歹賺』。只是沒想到，老師也意識到這個重要性，比起其他的教學只在乎課業，其實，根本就忘記讀書所要學的是各項觀念。老師願意教孩子那麼多，身為家長的我們一定支持。」

文菱的媽媽：

「文菱升上五年級後，變得較有自信，也比較愛閱讀，是上帝將孩子帶到您的班上。因為分班時，我們母女就祈禱，希望能讓文菱遇到一位能將她帶得更好的老師，真的很幸運能讓她遇見老師。您讓她學到了普通孩子未曾想過的許多事，也讓她更懂得感恩，真的很謝謝您。」

文菱的爸爸：

「孩子的消費態度真的有了改變，之前是買『想要的』，現在是買『有需要的』。學習態度和中年級比起來真的是不一樣了，例如：很認真完成作業，尤其是老師出的學習單。在完成職場學習單後，文菱有跟我們聊過，也知道每個職業不是用說的就能勝任，讓孩子能夠提早了解到每個職業的辛苦，相當好。文菱能遇到一位非完全傳統教學的老師，真的很幸運，相信未來老師的教學，將是她最美好的回憶，非常感謝老師。」

庭維的媽媽：

「五年級開學第一週以來，庭維就讓媽媽感覺到她的生活和學習態度注入了一股前所未有的活力，整個學期庭維一直對她的學習保持高度的興趣與熱忱。感謝老師對於教育工作的投入與用心，有您的引導，我們看見庭維許多方面的進步，最明顯的是她的閱讀、書寫、繪畫、表達各方面能力的提升。老師的班級經營提供庭維和其他同學順暢愉快的學習氛圍，庭維相當『enjoy』上學，積極主動求知，還樂於與家人分享她的所知……我想，庭維很幸運，能有您這樣盡心盡力的教育工作者來帶領與教導她，讓她在這個扎根的階段，已經開始慢慢奠定未來的學習基礎，同時能享受學習樂趣。謝謝老師的努力與奉獻……」

庭維的爸爸：

　　「孩子購物時會判斷這是『需求』或者是『欲望』。五下暑假結束前去購買球鞋時，孩子會挑ＣＰ值較高的款式讓我們參考，最終我們一起決定哪款球鞋是最合適的。

　　對於功課，孩子會主動複習與研讀。不順心時，會自我調整態度，避免低潮情緒影響自己。

　　孩子會主動要求去圖書館，目的就是『充實自己的知識』。前一陣子猛Ｋ《貓戰士》系列的書籍，我很訝異地詢問為何這麼著迷與專注？孩子回答：『從動物看兩腳人類是不同面相的觀點與思考。』確實，孩子會開始試著『換位思考』了。」

晉如老師的 OS：

　　「《貓戰士》是喜閱網內字數最多的一本書，14 萬字。沒想到閱讀完後興致高昂，書中的情節深深吸引了她，自己又去找了好幾本，一口氣把五部曲全部看完，看完還問『還有沒有？』，這麼厚的書，能樂在其中並連看 5 本，閱讀對庭維而言，已是高度的享受了。」

玩具鈔票的省思

某日拉開辦公桌的抽屜，愕然驚見一堆紅色百元鈔票，嚇了我一大跳，哪來那麼多錢？定睛一看，原來是「玩具鈔票」，看到一堆假鈔，我不禁笑了起來。

記得五上開學時，新接這個班，整個班級的學習風氣低落，對於老師課堂上所提的各項要求，孩子總是以「交換條件」的方式才願意勉強行動。那時為了訓練孩子的文筆，要求寫日記，聽到台下多的是狼號鬼叫、哀鴻遍野。

除此之外，班級經營中的各項「正負」行為，也都仰賴特別的網路加分系統，我還大費周章訂定了許多正向行為能加幾分，負向行為須扣幾分的標準，孩子們三不五時就會提醒老師要加分、減分，甚至有時為了加減幾分，還要來跟老師「搏感情」討價還價一番。

在繁忙瑣碎的事務中，常常還要惦記著加減分及公平性的問題，有時干擾工作、干擾教學不說，連家長也會主動關心日常表現分數究竟累積多少了……

當我週五再度看到這些許久不見的「玩具鈔票」時，回憶起，這是過去我為了獎勵孩子寫日記所發的獎賞，如果不是這些鈔票突然現身，我早已經忘記它們的存在了。就連過去常使用的網路加分系統，已經不知道多久沒打開，帳號密碼都已經忘了……

經過「未來想過的生活」學習單的震撼教育後，孩子的學習情況有了十足的改變，過去課堂上那種意興闌珊已不復見，取而代之的是熱情的學習態度。

我驚覺，已經好長一段時間在班上沒有使用任何獎勵，也沒發現有什麼不對勁。過去，這些剛升上五年級的孩子，會在我忘記發放獎勵時不斷地提醒，如今，竟然沒有一個孩子來跟我抗議，直到我看到抽屜裡的玩具鈔票，我才發現，我和孩子已經走過那段因學習動機薄弱而需要被獎勵的時期。

在台上我忍不住大力鼓勵孩子，稱讚他們已經了解到在校的一切所學都是為了成就自己，不是為了父母、老師，更不是為了那些微不足道的班級加減分數。當孩子們被激發出求知若渴的學習熱忱時，誰還會在乎那些分數。

人面對未知的事物，本來就有十足的好奇心，當求知欲望夠堅實強烈時，當習得的成就感可以肯定自我的價值時，就無須再依賴獎勵制度了。要不是「玩具鈔票」的出現，我們都沒發現，我們早已經跳脫了這些框架，來到了另一個境界。

少了這些繁複的常規分數，我像是禁錮在加分系統中被徹底解放的靈魂，因為我多出更多的時間與孩子相處，陪他們學習，陪他們閱讀，陪他們度過校園生活中的點點滴滴。沒有過去斤斤計較加減分的景象，也無須在乎有沒有贏過別人或被他人追過的惶惶不安。

緬懷過去，心懷感恩，我唯一有的獎勵只剩下「口頭讚美」而已。

枷鎖盡落，一切回歸最原始、最單純的學習動機，就像嬰幼兒時期對世界充滿好奇，想要一探究竟的強大意念，任誰都擋不住。

學習書

未來想過的生活：從13個教育現場、6張學習單、
1篇作文，翻轉孩子的未來

2016年4月初版　　　　　　　　　　　　　　　定價：新臺幣390元
2019年8月初版第三刷
有著作權・翻印必究
Printed in Taiwan.

著　　　者	林	晉	如
叢書主編	黃	惠	鈴
叢書編輯	張	玟	婷
封面設計	李	韻	蒨
內文排版	菩	薩	蠻
校　　　對	趙	蓓	芬
編輯主任	陳	逸	華

總編輯	胡金倫
總經理	陳芝宇
社　長	羅國俊
發行人	林載爵

出　版　者　聯經出版事業股份有限公司
地　　　址　新北市汐止區大同路一段369號1樓
編輯部地址　新北市汐止區大同路一段369號1樓
叢書主編電話　(02)86925588轉5312
台北聯經書房　台北市新生南路三段94號
　　　電話　(02)23620308
台中分公司　台中市北區崇德路一段198號
暨門市電話　(04)22312023
郵政劃撥帳戶第0100559-3號
郵撥電話　(02)23620308
印　刷　者　文聯彩色製版印刷有限公司
總　經　銷　聯合發行股份有限公司
發　行　所　新北市新店區寶橋路235巷6弄6號2F
　　　電話　(02)29178022

行政院新聞局出版事業登記證局版臺業字第0130號

本書如有缺頁，破損，倒裝請寄回台北聯經書房更換。　ISBN　978-957-08-4715-4 (平裝)
聯經網址 http://www.linkingbooks.com.tw
電子信箱 e-mail:linking@udngroup.com

國家圖書館出版品預行編目資料

未來想過的生活：從13個教育現場、6張
　學習單、1篇作文，翻轉孩子的未來/林晉如著.
初版 . 新北市 . 聯經 . 2016年4月（民105年）. 272面 .
17×23公分（學習書）
ISBN　978-957-08-4715-4（平裝）
[2019年8月初版第三刷]

1.小學教學　2.課程規劃　3.文集

523.307　　　　　　　　　　　　　105004484